正しく知って美味しく作る

和食のきほん

近茶流嗣家

柳原尚之

池田書店

目次

第二章
魚介、肉のおかず

魚介

肉

Column 2

第三章
卵、豆腐、乾物等のおかず

卵

豆腐

乾物等

第四章
ご飯と汁物

ご飯

汁物

漬物

第五章
季節の献立と一品

冬

はじめに

未来の日本料理はどこへいくのでしょう。家庭で母国の料理を作ることが、未来の日本の姿勢を作ります。本当の和食を作ってほしい、その思いが、この本にいっぱい詰まっています。

料理のプロセスはできるだけ丁寧に細かく、多くの写真とともに載せるように心がけました。そして、ご飯の炊き方、野菜の洗い方、料理用語など、基本の基本を大事に説明しています。これから和食を作りはじめたい、覚える機会がなく今までなんとなく作っていた、もう一度基本を学びたい、そのような方々に読んでほしいと思います。

和食は、一度基本が身につくと、あとはその組み合わせです。一品一品丁寧に取り組み、くり返し作ってみてください。きっと自分の得意料理になるはずです。

今、世界中で認められつつある和食。近茶流が代々培ってきた味と技術を、惜しみなくみなさんにお伝えします。

近茶流嗣家　柳原尚之

料理をはじめる前に

包丁
まな板
だし

この本では和食の基本をたくさん紹介しています。
まず最初にお伝えしたいのが、包丁とまな板の使い方と、だしのひき方です。
「料理に時間がかかる」という声をよく聞きますが、実は、包丁の正しい使い方、切り方を知らないために、下ごしらえに時間がかかっている場合があります。
また、切り方は、料理の仕上がりの美しさにも大きく関わりますので、ここで正しい包丁使いを身につけてください。
次に、だしについて。この本では、だしはかつおと昆布のだしを使っています。
和食特有の味の礎です。短時間でひけるので、ぜひ毎日の料理にとり入れてください。

包丁の基本の持ち方

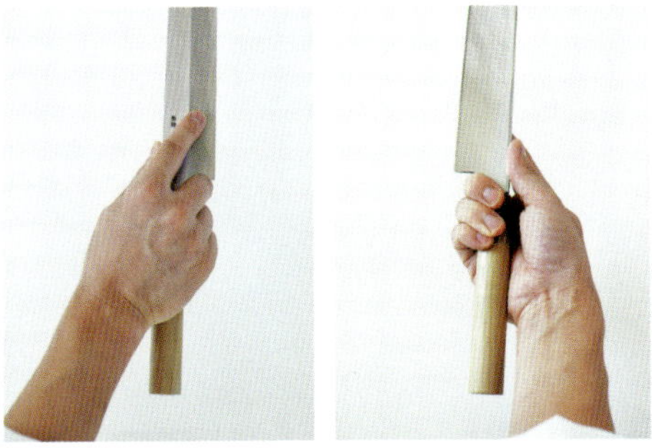

おさえ

おもに野菜を切る時の持ち方で、刃元ぎりぎりで持ち、親指を刃身の背にあて、薬指、小指で柄を握り、人さし指を刃の側面に添えます。人さし指は包丁がぶれないように支える役目で、親指から包丁に力を伝えます。リズミカルに同じ動きを続けても疲れません。

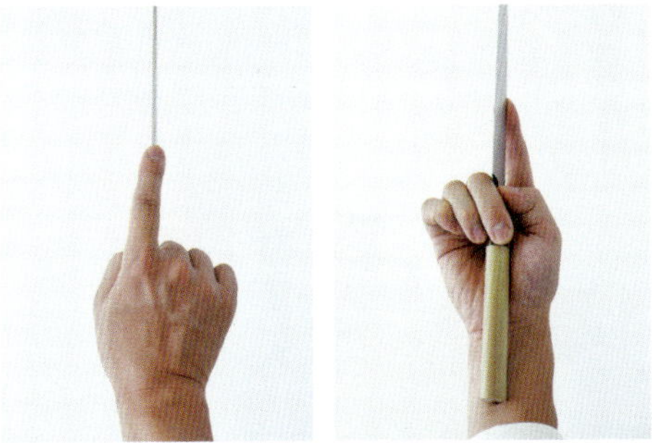

人かけ

おもに刺身を引く時の持ち方で、親指、中指で柄を持ち、残る指は軽く添え、人さし指は包丁の背にあてます。人さし指から手首までが包丁のラインにそろえると、指を動かすように包丁を動かせるので、魚の形に合わせた繊細な包丁使いができます。

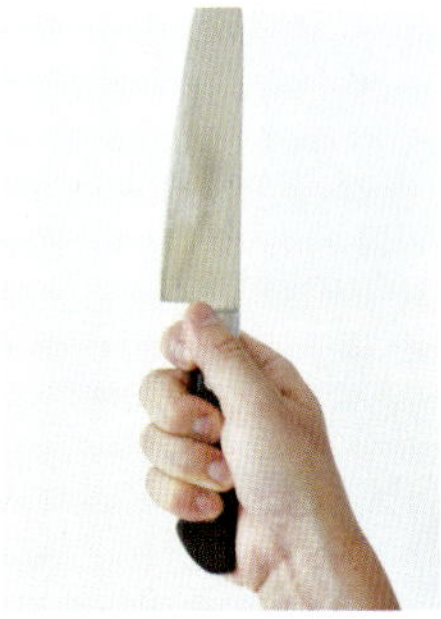

握り

固いものを切る時の持ち方で、包丁の柄をすべての指でしっかりと握ります。たいの頭、かぼちゃ、すいかなどを切る時に。

出刃包丁　柳刃包丁　薄刃包丁　洋包丁

本書で使用している包丁

本書では四種類の包丁を使用しています。和包丁は切れ味がよく、切るのが楽しみになるのはもちろん、より料理の幅も広がります。

(写真左から)出刃は魚をおろす時に使い、おもな持ち方は「人かけ」。ひとまわり小さな「小出刃」もありますが、最初に買い求めるなら5寸の出刃のほうが、包丁の扱いを正しく覚えられます。柳刃は刺身を切る時に使い、持ち方は「人かけ」。長い刃を根元から先まで使って引いて切ります。薄刃はおもに野菜を切る時に使い、持ち方は「おさえ」。刃がまっすぐで薄いのが特徴です。洋包丁は両刃なので、とくに肉や固いものを切る時に使い、持ち方は「握り」。

まな板の使い方

まな板は色やにおいを移りにくくするため、ぬらして使います。固くしぼったふきんで余分な水気をふき、食材がぬれないようにしましょう。(a)
また、まな板の下にはぬらしたふきんを敷き、包丁の振動でまな板がずれるのを防ぎます。(b)
使い終わったら、たわしできれいに洗い、陰干しをしてしっかりと乾燥させます。

a

b

包丁を使う際の姿勢

まず、立ち方は、足を肩幅に開いて包丁を持つ手側の足を1歩引きます。体が開き、ひじを自然に後ろに引けるので、まな板に対して垂直に包丁を動かすことができます。体とまな板の間には、こぶし1〜2個分のすきまをつくって、体を動かしやすくします。(c)
切っている際、視線は常に素材に向けます。包丁を正しく動かすために、背筋はのばして視線を落とすようにします。素材はまな板のやや手前に置き、押さえる手は自然に丸めて、包丁で指先を切らないようにします。(d)

c

d

包丁の動かし方

包丁は押すか引くことで切れ味が出ます。
野菜の場合、少し前に押し出すようにして切ります。(e)(f)
魚はおもに包丁を引いて切ります。刺身を引く時は刃元から刃先へと包丁全体を使って切ります。(g)
かぼちゃなど固いものを切る時は、洋包丁の刃先をまな板につけ、手で包丁の背を押さえながら、てこの原理で柄をおろして切ります。(h)

e

f

g

h

料理中の包丁の扱い

包丁は使っている最中、固くしぼったぬれふきんでこまめにふき、素材のかけらやアクを除きます。柄を右に、刃を向こうにして持ち、根元からを刃先に向かってふきます。(i)
途中で包丁を置く時は、まな板の横に置きます。その時、刃が自分のほうを向かないようにします。ふきんを敷いておくと清潔を保ち、すべらず安全です。(j)
なお、包丁はこまめに研ぐのが理想です。和包丁は砥石、洋包丁は研ぎ器を使います。自分で研ぐのが難しい方は、専門の研ぎ師さんや包丁を購入したお店にお願いするとよいでしょう。

i

j

だしの
基本のひき方

a

b

c

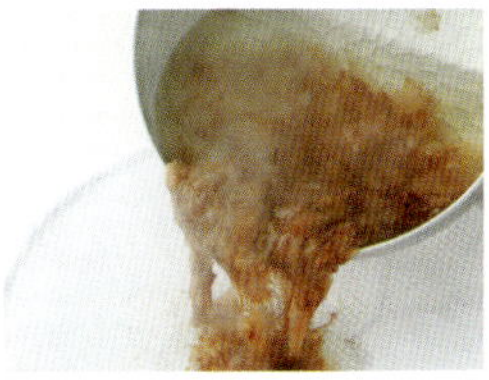

d

e

f

［できあがり量5カップ分］

1 昆布20cmを軽く洗い、水6カップとともに鍋に入れ、中火にかける。鍋や昆布に小さい気泡がついたら（約70℃）昆布を引き上げる。(a)(b)

2 1の鍋を沸騰させ、沸いたら火を消して削り節15gを入れる。菜箸で静かに押さえて削り節を沈め、静かに1分ほどおく。(c)

3 ザルの上にさらしをのせてボウルの上に置き、2を漉す。(d)

4 さらしの四隅を合わせて、1回だけぎゅっとしぼる。(e)

5 澄んだ琥《こ》珀《はく》色にとるのが理想。(f)

本書のきまりごと

●和食で使用するおもな調味料
砂糖は上白糖、塩は家庭塩、酢は米酢、みりんは本みりん、酒は辛口の日本酒を使用しています。塩は形状により同じ体積でも重量が異なるので、使用している塩が小さじや大さじで何グラムあるのか知っておくとよいでしょう。しょうゆには濃口と淡口があり、本書では濃口は「しょうゆ」と表示しています。みそは産地によって風味、色、塩分が異なり、それぞれの料理に合ったものを使用しています（詳しくは189ページ参照）。

●料理をする時の火加減・水加減
火加減について、「弱火」「中火」「強火」の表現を使用しています（目安は下記参照）。ただし、火の強さは鍋の中の様子に合わせて常に調整することが大切です。レシピに書かれた火加減にしても、中身が踊るほどに煮立っていたら弱めるなど、臨機応変に対応しましょう。
また、水加減にはさまざまな表現がありますが、本書ではおもに下記の3種の表現を使用しています。

［火加減の目安］
弱火＝炎の先が鍋底と火口の間くらいにある状態。
中火＝炎の先が鍋底にちょうどつく状態。
強火＝炎が鍋底いっぱいに広がる状態。

［水加減の目安］
ひたひた＝材料の頭が少し出るくらいの水加減。
かぶるくらい＝材料の頭がちょうど隠れるくらいの水加減。
たっぷり＝材料がすっかり中にひたるくらいの、たっぷりとした水加減。

●計量
大さじ1＝15mℓ、小さじ1＝5mℓ、1カップ＝200mℓのものを使用しています。
大さじ、小さじなどの計量スプーンは、すりきり（容器のふちの高さまで材料が入った状態）の分量がそのスプーンの容量です。酒、みりん、しょうゆなどの液体も、すりきりの分量です。なお、計量カップは、目盛を真横から見てはかります。
手ではかる場合、「少々」は指2本でつまんだくらいをさします。また、「適量」は料理の味や様子をみながら決める量、「適宜」は必要に応じて使用するものです。

第一章

野菜のおかず

おひたしは、季節の青菜をゆでて、
だしと合わせたしょうゆでいただく料理です。
ゆで加減、水気のしぼり具合など、
ちょっとした手順が美味しさにつながります。

ほうれん草のおひたし

材料（4人分）
ほうれん草…250g
割りじょうゆ
［だし…大さじ2　しょうゆ…大さじ1と½］
糸がつお…適量

作り方

1 ほうれん草は水でよく洗い、根が太ければ火が通りやすいように十字に切り目を入れる。

2 鍋にたっぷりの湯を沸かし、塩ひとつまみ（分量外）を加える。1のほうれん草を火の通りにくい根から入れる。10秒ほどたったら葉まで入れる。

3 1分ほどして、緑が鮮やかになり指でつまんで茎がやわらかくなったらすぐに冷水にとる。変色と火の入りすぎを防ぐことができる。ほうれん草が冷たくなるまで水を替える。(a)(b)

4 巻きすにほうれん草を交互におき、巻いてしぼり、水をきる。しぼりすぎるとほうれん草の風味が逃げてしまうが、巻きすを使うと力加減がうまくいく。(c)(d)

5 4の巻きすを外し、ほうれん草の根を切り落とす。3㎝の長さに切り、器に盛る。割りじょうゆの材料を合わせてかけ、糸がつおを添える。(e)

ほうれん草のほか、小松菜やチンゲン菜など、ほかの青菜でも美味しく作れます。また、割りじょうゆに辛子やしょうがなど、好みの薬味を加えると、ひと味違った美味しさに。

a

b

c

d

e

巻きすで形をきれいに

ほうれん草の水気をしぼるために巻きすを使います。ここではほうれん草を切り分けてからほぐしてつんもりと盛りましたが、ほぐさずきれいな束の状態で盛りつける方法もあります。巻きすは77ページの寄せ玉子でも使用。ほかに、熱々の玉子焼きを巻いてしばらくおいて、丸く形をととのえるなどにも使います。

すり鉢でごまをすり、白みそを合わせて、和え衣を作ります。
いんげんはゆでて熱いうちに少しのしょうゆで洗うことで
下味がつき、水気もとれます。

いんげんのごまみそ和え

材料(4人分)
さやいんげん…150g
淡口しょうゆ…小さじ2
みがきごま(皮をむいたごま)…大さじ2
練り白みそ
[西京みそ…80g　砂糖…小さじ2　酒…大さじ2]

作り方

1 さやいんげんはガクと筋をとる。塩ひとつまみ(分量外)を加えた熱湯に入れて、さっと混ぜながら2分ほど色よくゆでる。1本食べてみて、青くささが抜け、歯ごたえよくゆで上がっていたらザルにあけ、水気をきる。(a)

2 ボウルに移し、熱いうちに淡口しょうゆをまぶす。すぐにザルにあけて水気をきり、うちわであおいで余分な水分をとばしながら冷ます。これをしょうゆ洗い(188ページ参照)という。(b)(c)

3 ごまは鍋に入れてきつね色になるまで煎り、すり鉢に移してごまの形がなくなるまでよくする。

4 練り白みそを作る。鍋に西京みそ、砂糖と酒大さじ1を入れ、弱火にかけて練る。つやが出て少しまとまったら残りの酒を加え、再びつやが出たら火を止める。(d)

5 3のごまに4の練り白みそを加えて合わせ、よく混ぜてなじませる。(e)

6 2のさやいんげんを3cm長さに切り、食べる直前に5で和える。(f)

みがきごまを使うと、食感がやわらかく仕上がります。
ごまの種類はお好みで。黒ごまのほうが風味が強いのが特徴。
みその代わりにしょうゆを加えたり、野菜を青菜に代えても美味しく作れます。

a

b

c

d

e

f

たたき梅きゅうり

たたいたきゅうりは表面積が広がり、衣がよくからみます。
梅肉で和えて、さっぱりとした一品に。

材料（作りやすい分量）
きゅうり…１本
大葉…２枚
梅だれ
［梅肉…大さじ１
みりん…小さじ½
砂糖…小さじ½］

作り方
1 きゅうりは塩ずり（187ページ参照、分量外）して、すりこぎなどで軽くたたき包丁で食べやすい長さに切る。(a)
2 梅肉に調味料を合わせて、1と混ぜ合わせる。
3 大葉はせん切りにしてふきんなどに包み、流水で洗って、アクを抜く。(b)
4 1のきゅうりを2で和え、器に盛る。3を添える。

梅肉は、梅干しの種を外し、包丁などで細かくたたいたものを使います。(c)

a

b

c

かぶの辛子和え

塩をしたかぶに合わせ調味料を加えるだけ。手早く作れる浅漬けです。
かぶの皮をしっかりっと厚めにむくのがポイント。

材料（作りやすい分量）
かぶ…小3個
塩…小さじ½
辛子汁
［だし…½カップ
塩…小さじ⅓
淡口しょうゆ…小さじ1
みりん…小さじ1
水溶き辛子…大さじ½］

作り方
1 かぶの葉の軸を1㎝ほど残して切り、皮を厚めにむいて縦8等分にする。葉の間に入った泥などを、きれいに洗い流してからボウルに入れて塩をふり、全体にからめて10分ほどおいて、しんなりさせる。(a)
2 小鍋に水溶き辛子以外の辛子汁の材料を合わせ、強火にかける。ひと煮立ちしたら火からおろし、冷めたら水溶き辛子を加える。(b)
3 1の水気をとり、2を加える。20分ほど味をなじませ、器に盛る。(c)

a

b

c

かりっと焼いた油揚げの香ばしさが食欲をそそります。
小松菜はほうれん草と同様、固い茎からゆで、
巻きすで水気をしぼって調理しましょう。

小松菜の煮びたし

材料（4人分）
小松菜…300g
油揚げ…1枚
白ごま…大さじ1
酒…大さじ1と$\frac{1}{2}$
しょうゆ…大さじ1
だし…大さじ3

作り方

1 小松菜は水でよく洗い、根元が太ければ十字に切り込みを入れる。塩ひとつまみ（分量外）を加えた熱湯でゆでる。根元から先に入れ、茎の部分がやわらかくなって曲がるようになったら葉の部分も入れ、1分ほど色が鮮やかになるまでゆでる。冷水にとり、芯までしっかりと冷めるまで水を替える。

2 1の小松菜を巻きすで巻いて水気をしぼり、巻きすを外して根元を切り落とす（17ページ「ほうれん草のおひたし」参照）。3cm長さに切る。

3 油揚げは焼き網で焼き目をつけるようにあぶり、香ばしさをつけて油をとばす（186ページ参照）。縦半分に切ってから1cm幅の短冊状に切る。(a)

4 ごまは鍋に入れてきつね色になるまで煎る。

5 小鍋に酒を入れて強火にかけ、アルコール分がとぶまで加熱する（火がつく場合もあるので注意。火はアルコール分がとぶと自然に消える）。しょうゆ、だしを加えて煮立たせ、2の小松菜、3の油揚げを加え、さっと混ぜ合わせて味を含ませる。(b)(c)

6 器に盛り、4のごまをふる。

a

b

c

「煮ころがし」の言葉通り、やわらかくゆでた里いもを
調味料の中でころがす料理です。いものとろみと調味料が混ざり、
外は煮汁がからんで、中はほっくりとした仕上がりに。

里いもの煮ころがし

材料（4人分）
里いも…4個（400g）
砂糖…大さじ2と$\frac{1}{2}$
酒…大さじ1
しょうゆ…大さじ1強
黄柚子…適宜

作り方

1 里いもはたわしを使って皮をむき、しっかりと洗い流す。塩少々（分量外）をまぶし、もみ洗いしてぬめりをとり、半分に切る。(a)

2 鍋に里いもとしっかりかぶるくらいの水を入れて強火にかけ、細串がすっと刺さるくらいまでことことする火加減でゆでる。(b)

3 落とし蓋で里いもを押さえ、ゆでた湯を大さじ2程度残して捨てる。(c)

4 3の鍋に砂糖を加えて再び火にかける。強火で鍋をまわしながら3で残した湯に砂糖を溶かし、里いもに汁がからんだら、酒、しょうゆを加える。(d)(e)

5 中火にし、鍋をまわしながら里いもを煮ころがす。里いもの角をとりながら、とろみをからめるように煮詰め、汁気がなくなったら火を止める。(f)

6 好みで黄柚子の皮を薄くそぎ、せん切りにし、器に盛った5にのせる。

ここでは里いもを六面にむいていますが（179ページ参照）、煮っころがしは角をとりながら作る料理なので、形はあまり気にせずむいても大丈夫。

a

b

c

d

e

f

秋から美味しさの増す里いも

里いもの本来の旬は秋から冬。寒さが深まるにつれ、ねっとりとした食感の里いもが出まわります。粘りも味のうちですが、中まで味を含ませたい時や、ほかの素材と一緒に煮る時は、みょうばん水につけるなど、ぬめりをある程度とり除いてから料理します。

やわらかくゆでたじゃがいもを、
ほんのり甘辛く調味した煮汁で含めます。
肉は美味しさを楽しめるよう、最後に鍋に加えます。

肉じゃが

材料（4人分）
牛ロース薄切り肉…200g
じゃがいも…中3個（400g）
しらたき…½玉（100g）
だし…2カップ
砂糖…大さじ3と½
しょうゆ…大さじ3
酒…大さじ1
一味唐辛子…適宜

作り方

1 じゃがいもは皮をむき、ひと口大に切る。鍋に入れてたっぷりの水を注ぎ、強火にかけ沸いたら中火にする。細串がすっと刺さるまでゆで 、水気をきる。(a)

2 しらたきは熱湯でさっとゆでて水気をきり、3cm長さに切る。牛肉は3cm長さに切る。

3 別の鍋に1のじゃがいもとだしを入れて中火にかける。(b)

4 沸いたら砂糖を加え、ことこととする火加減で3分煮てからしょうゆ、酒を加え落とし蓋をする。(c)(d)

5 煮汁が半分程度になったらじゃがいもを鍋の端に寄せ、あいたところに牛肉、しらたきを順に加え、肉に煮汁をからめながら煮る。肉の赤い部分がなくなったらすぐに火を止め、やわらかく仕上げる。火を通しすぎると肉が固くなる。(e)(f)

6 器に盛り、好みで一味唐辛子をふる。

じゃがいもは男爵系の品種を選ぶとほどよく煮くずれ、煮汁がよくからみます。

a

b

c

d

e

f

料理を美しくする「ふり分け煮」

ここで紹介している肉じゃがは、じゃがいも、牛肉、しらたきをひとつの鍋で煮ますが、写真(e)(f)のように、鍋の中でそれぞれのスペースを分けて煮ます。これを「ふり分け煮」と呼び、全体を混ぜる必要がないため、やわらかい素材の煮くずれが防げます。また、鍋の中で素材が整理されているので、盛りつけもしやすくなります。

別々に煮たものをひとつの器に盛り合わせる「炊き合わせ」。
厚揚げは甘辛い煮汁をからめて、
かぼちゃは淡い味わいの煮汁を含ませて色よく仕上げました。

かぼちゃと厚揚げの炊き合わせ

材料（4人分）

洋かぼちゃ…¼個（正味400g）　厚揚げ…1枚

A［だし…1と½カップ　砂糖…大さじ2

　淡口しょうゆ…大さじ1と½　酒…大さじ1］

B［しょうゆ…大さじ1と½　砂糖…大さじ1と½

　だし…½カップ　酒…小さじ2］

ごま油…小さじ2

スナップえんどう（塩ゆでしたもの）…8本

a

b

c

d

e

f

g

h

作り方

1 かぼちゃはわたと種を除き、食べやすい大きさに切る。煮くずれないよう、わたのあった部分を包丁で切り落とす。(a)

2 鍋に皮目を上にしてかぼちゃを入れ、Aのだしを加えて強火にかけ、煮立ったら砂糖を加え、落とし蓋をして中火で3分ほど煮る。(b)(c)

3 Aの淡口しょうゆ、酒を順に加え、再び落とし蓋をする。煮汁が常に落とし蓋まで上がる火加減を保ち、細串がすっと刺さるまで煮る。(d)

4 厚揚げはザルにのせ、熱湯をまわしかけて油抜きをする。(e)

5 フライパンを中火で熱してごま油を敷き、厚揚げを入れて香ばしい香りが立ち、焼き色がつくまで焼く。火を止めてキッチンペーパーで油をふきとる。再び中火にかけてBのしょうゆ、砂糖を加え、その都度フライパンをゆすってからめる。だしを加え、煮立ったら酒を加える。煮汁をかけながら煮詰め、とり出す。冷めたら1cm厚さに切る。(f)(g)(h)

6 器に3のかぼちゃ、5の厚揚げを盛り、斜め切りにしたスナップえんどうを添える。

和かぼちゃと洋かぼちゃ

現在、一般に手に入りやすいかぼちゃは、ほっくりとした食感に仕上がりやすい洋かぼちゃです。世界中から輸入され、一年を通して現地での旬のものを手に入れることができます。一方、目にする機会の減っている和かぼちゃは、ごつごつとした皮が特徴で、旬は春から夏。洋かぼちゃに比べ水分が多く、煮物に用いる際は、一度蒸してねっとりとした食感を引き出してから調理するのがコツです。

大根は米のとぎ汁で下ゆでですると、甘みが増します。
それを昆布だしで熱々にあたためて、甘めの練りみそをとろり。
冷めないうちに、はふはふといただくのが醍醐味です。

ふろふき大根

材料(4人分)
大根…16cm
米のとぎ汁…適量(または米大さじ1+水適量)
昆布…だしをとったあとのもの(または5cm程度)
練りみそ
［赤みそ…60g　砂糖…50g　酒…大さじ2］
黄柚子…適宜

作り方

1 大根は4cmの厚さの輪切りにし、皮を厚めにむく。火が入りやすいよう、片面に厚みの半分くらいの深さに十文字の隠し包丁(187ページ参照)を入れる。(a)(b)
2 鍋に大根を包丁目を下にして並べて入れ、米のとぎ汁(または米と水)をかぶるくらいに加える。米のとぎ汁は大根のアクを抜き、甘みが増す。中火にかけ、煮立ったら弱火にして、細串が軽く通るまで20分ほどゆでる。そのまま冷ます(湯止め)。(c)(d)
3 冷めたところで大根をとり出して水洗いする。(e)
4 鍋に昆布を敷き、水からとり出した大根を並べ入れる。かぶるくらいの水を加えて中火にかけ、大根の芯があたたまるまでゆでる。(f)
5 小鍋に練りみその赤みそ、砂糖、酒大さじ1を合わせ、強火にかけてつやが出るまで練る。酒大さじ1を加えて再びつやが出るまで練る。
6 器に大根を盛って4のゆで汁少量をはる。5の練りみそをかけ、好みでせん切りにした黄柚子を飾る。

大根はゆでて水洗いしたあと、水につけて保存できます。冷蔵庫に入れ、水を時々替えれば3〜4日程度保存可能です。まとめてゆでて、煮物やおでんに利用しても。

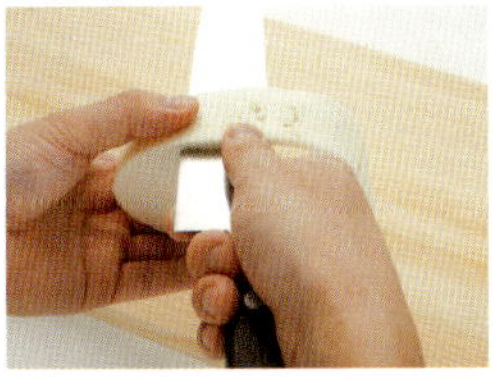
a

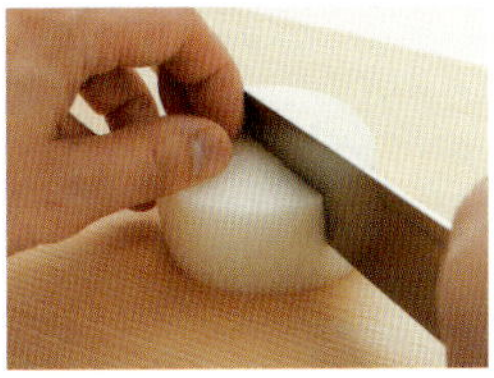
b

c

d

e

f

できたても、冷めても美味しいきんぴら。
素材の歯ごたえを残しながらしっかりと味つけするのが、コツです。
野菜がしんなりしないよう、強めの火加減で調理します。

きんぴらごぼう

材料（3〜4人分）
ごぼう…1/3本
にんじん…1/4本
ごま油…大さじ1
砂糖…大さじ1と1/2
しょうゆ…大さじ1強
七味唐辛子…少々

作り方
1 ごぼうは包丁の背で皮をこそげ落とし、4㎝長さ、2〜3㎜太さのせん切りにし、水にさらしてアクを抜く。にんじんは皮をむき、ごぼうと同様に切る。
2 鍋を熱してごま油を敷き、水気をきったごぼうを加えて強火で油が全体にからむまで炒める。(a)
3 にんじんを加えてさらに炒める。火が弱いと仕上がりが水っぽく、食感も悪くなるので、強めの火加減で水気をとばすように炒める。(b)
4 全体に油がまわったら、砂糖を加えてからめる。溶けた砂糖がからんだら、しょうゆを加えて手早く炒め合わせる。(c)(d)
5 器に盛り、七味唐辛子をふる。

写真奥は、れんこんのきんぴらです。れんこん200gの皮をむき、縦半分に切ってから乱切りにし、きんぴらごぼうの作り方2・4と同様に作ります。好みで一味唐辛子をふって。

a

b

c

d

油を調味料ととらえる精進料理

和食で料理に油を使うようになったのは、奈良時代からといわれています。水よりも高温になるので、素材に熱を素早くまわすために使われることが多いですが、精進料理ではその目的が少し異なります。動物性の素材を使用しない精進料理は、どうしても力強い味には仕上がりづらいもの。そこで油は、料理のコクが増し味わいを豊かにする「調味料」としての役割を担っていました。なかでもごま油は食欲を誘う香りをもち、精進料理に好んで使われてきました。

具材を油で炒めてから煮る「いため煮」料理の代表。
九州では「がめ煮」の名前で親しまれています。
繊維質豊富な根菜をたっぷり味わいましょう。

筑前煮

材料（4人分）
とりもも肉…1枚（300g）
干ししいたけ…4枚　里いも…大2個
にんじん…中½本　れんこん…½節（150g）
ごぼう…½本　白こんにゃく…½枚（150g）　絹さや…12枚
だし…2と½カップ　砂糖…大さじ5と½
しょうゆ…大さじ4と½　酒…大さじ3
みりん…大さじ2　ごま油…大さじ2

a

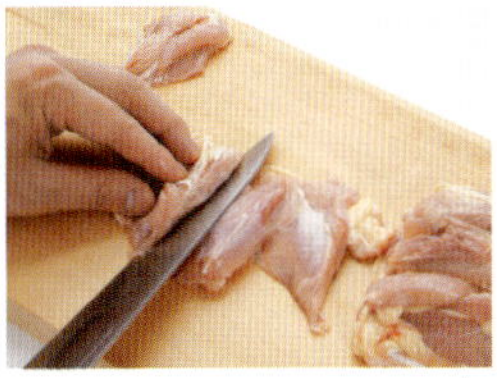
b

作り方

1 干ししいたけは水にひと晩つけてもどし、軸を除く。里いもは皮をむいて食べやすい大きさの乱切りにする。水3カップとみょうばん小さじ1（190ページ参照、ともに分量外）を合わせて里いもを20〜30分ひたす。にんじん、れんこんは皮をむき、縦半分に切って乱切りにする。れんこんは薄い酢水（分量外）にひたす。ごぼうは包丁で皮をこそげて乱切りにし、水にひたす。白こんにゃくはちぎり、熱湯でさっとゆでる。にんじん以外は水気をきる。(a)

c

d

2 とり肉は大きめのひと口大にそぎ切りにし、酒大さじ1（分量外）をふりかける。(b)

3 絹さやはヘタと筋をとり、塩ひとつまみ（分量外）を加えた熱湯で色よくゆで、水にとる。

4 鍋に油を熱し、強火で里いもを炒める。里いもの角に透明感が出てきたら、にんじん、ごぼう、れんこんを順に加えて炒める。こんにゃくを加え、油がまわったらとり肉を鍋肌につかないように中央に加え、野菜にからめるようにして油をまわす。(c)(d)

e

5 肉の表面が少し白くなったら火を弱め、だしを入れて沸いたら砂糖を加え、アクをとる。落とし蓋をして煮汁が蓋にあたる火加減で3〜4分煮る。(e)

f

6 しょうゆ、酒を加え、再び落とし蓋をして同様の火加減で煮る。煮汁が少なくなったら落とし蓋をとり、最後にみりんを加えて強火にして、照りを出す。3の絹さやを加え、軽く混ぜて火を止める。(f)

グリルで手軽に作る焼きなすです。
サラダ油を全体にぬって焼くことで焼き目がしっかりとつき、
皮目の「茄子紺《なすこん》」もきれいに仕上がります。

焼きなす

材料(4人分)
なす…2本
しょうが…15g
しょうゆ…適量
サラダ油…適量
糸がつお…適量

a

b

c

作り方

1 なすはガクのつけ根に一周包丁を入れ、浮いているガクを外し、縦半分に切る。(a)
2 全体にサラダ油をはけで多めにぬる。(b)
3 グリルの網にホイルを敷き、なすを皮目を上にしてのせて中火で焼く。両面焼きグリルで、上下の火加減が調整できる場合は上火を強めにするとよい。途中で油をぬりながら焼き、皮の色が鮮やかになったらなすを返し、切り口にこんがりと焼き目がつくまで焼く。(c)
4 しょうがはすりおろし、しょうゆと合わせる。
5 3のなすのヘタを切り落とし、食べやすくさいて器に盛る。4のしょうがじょうゆをかけ、糸がつおを上にのせる(天盛り)。

グリルの網に敷くホイルは、魚の皮がつきにくいシリコーン加工のものを使うと、なすがつかずおすすめです。

茄《な》子《す》紺《こん》

なすの皮独特の紫色は「茄子紺」と呼ばれ、アントシアニン系の色素「ナスニン」によるものです。この色素は高温できれいに発色して安定するため、油を使った調理が有効です。なすと油は味わいの相性もよく、ここでも油をぬって焼き上げる焼きなすを紹介しました。茄子紺も味のひとつ。なすを料理する時は、きれいに発色させることも心がけましょう。

さくっと揚げた天ぷらはご馳走です。
基本をしっかり押さえて取り組んでみましょう。
衣は冷水で溶き、粉を入れたら混ぜすぎないように。

野菜の天ぷら（なす、かぼちゃ、しし唐辛子の天ぷら にんじんとごぼう、たまねぎと桜海老のかきあげ）

材料（4人分）

なす…1本　かぼちゃ…1/8個　しし唐辛子…4本

にんじん…1/4本　ごぼう…1/3本

玉ねぎ…1/2個　桜海老…10g

衣[卵黄…1個分　冷水…3/4カップ　薄力粉…1カップ]

揚げ油…適量

天つゆ[だし…1カップ　しょうゆ…大さじ3

　砂糖…大さじ1弱　みりん…大さじ1]

薬味[大根おろし、おろししょうが…各適量]

作り方

1 なすはヘタを切り落として8等分に切り、皮に斜めに切り込みを入れる。かぼちゃは薄いくし形に切る。しし唐辛子はヘタをとって切り込みを入れる。にんじんは皮をむき、ごぼうは包丁の背で皮をこそげ落として、ともに4cm長さのせん切りにする。玉ねぎは繊維に沿って薄切りにする。

2 衣を作る。ボウルに卵黄と冷水を入れて混ぜ合わせる。ふるった薄力粉を加えて太い箸で突くようにして混ぜ、粉のダマが少し残った状態にする。(a)(b)

3 揚げ油を170℃に熱する（油に衣を落とし、浮いてきた衣が丸と細長いものが半々の状態が目安。）(c)

4 なすは皮を上にして持ち、白いほうにたっぷり衣をつけ、油に入れる。衣が固まったら返し、衣の表面を菜箸でたたいてコツコツ音がしたら、皮を上にしてバットにあげる。しし唐辛子、かぼちゃも衣をつけて揚げる。天かすは油がいたむのでとり除きながら揚げる。(d)(e)(f)(g)

5 小さなボウルににんじんとごぼうの適量を合わせ、衣を少量加えて和える。穴あきお玉ですくい、170℃の油に入れる。菜箸と鍋肌をうまく使いながらまとめて、からりと揚げる。(h)(i)

6 玉ねぎと桜海老も同様に揚げる。

7 鍋に天つゆの材料を合わせ、ひと煮立ちさせる。4、5、6を器に盛り、薬味と天つゆを添える。

a

b

c

d

e

f

g

h

i

献立の立て方の基本とコツ

「毎日献立を考えるのが大変」と思っている方がたくさんいます。しかし、コツさえ覚えれば意外と簡単に、むしろ楽しみながら考えることができるようになると思います。

ひとつ目のコツは「一汁三菜」で考えることです。私たちの主食である飯とともに、みそ汁や清汁《すましじる》、そして3つのおかずを意味しており、基となっているのが日本料理の正式な膳立てである「本膳」です。本膳とは、室町時代後半以降の武士階層の正式なおもてなし料理が基本となっている「膳組」のことをいいます。足のついたお膳に、飯、汁、坪(魚の生もの、酢の物)、平(煮物)、香の物が並びます。その後、二ノ汁(吸い物)、刺身、和え物などの「二ノ膳」、焼き物、揚げ物などの「三ノ膳」と続きます。献立を立てる時には、この本膳の平を主菜、坪を副菜ととらえ、応用するとよいでしょう。たとえば、なますを和え物やおひたしに、煮物を焼き物や揚げ物に、などと調理法を変化させると、バリエーション豊かな献立を立てることができます。また、一汁三菜だと、栄養面を細かく考えなくてもバランスのよい食事を摂ることができます。

ふたつ目のコツは、調理法別に考えるということです。日本料理には、お椀、お刺身、煮物、焼き物、揚げ物、蒸し物、和え物、汁物、ご飯、香の物というさまざまな調理法があります。異なる調理法の料理を組み合わせることでバラエティ豊かな食卓となります。たとえば、里いもは煮物に、あじは焼き物に、ほうれん草は和え物に、といった具合です。また、同じ食材を使っていろいろな調理法で味わいの変化を楽しむのもいいですね。

三つ目のコツは、旬の食材を使うことです。旬の食材は美味しさが凝縮し、栄養価が高いのもポイントです。春は山菜やたけのこ、秋はきのこやさんまというように、その季節だからこその食材を献立に加えましょう。

第二章

魚介、肉のおかず

新鮮なあじを薬味と一緒に包丁で「たたき」ます。
刺身のなかでも、気軽に作ることができる一品。
ピーマンが入るのが近茶流です。

あじのたたき

材料（4人分）
真あじ…4尾（1尾80g）
しょうが…15g
ピーマン…½個
長ねぎ…10㎝
みょうが…1個
大葉…4枚

作り方

1 あじは三枚におろし、腹骨をすきとって小骨を抜く（181ページ参照）。
2 あじの皮を引く。肩側の端の皮を少しはがしてきっかけを作り、きっかけを尾のほうにひっぱって皮を引く。この時反対の手の人さし指と中指で身を押さえる。(a)(b)
3 しょうが、ピーマン、長ねぎは細かく刻む。みょうがは縦半分に切ってせん切りにして水にさらす。
4 2のあじの尾の部分を切り落とし、1㎝幅に切る。尾の部分は筋っぽいので、除くと口あたりよく仕上がる。(c)(d)
5 しょうが、ピーマン、長ねぎをのせ、軽くたたき、全体を混ぜてさらに軽くたたく。たたきすぎると粘りが出るので注意。(e)(f)
6 器に大葉を敷いて5を姿よく盛り、みょうがを添える。

具材にピーマンを加えるのは、近茶流ならでは。香りが強く、あじのくせをおさえます。不思議とピーマンの味はほとんど感じません。

a

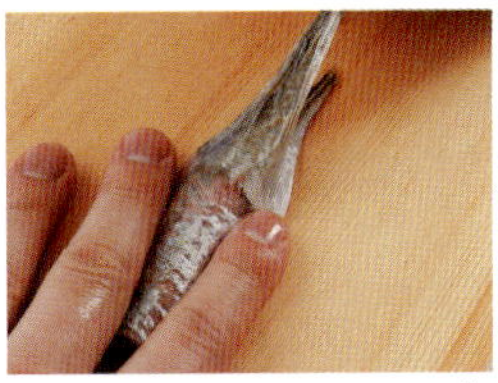
b

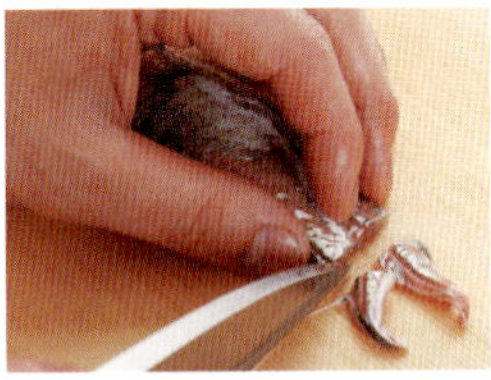
c

d

e

f

生ものに薬味

日本には古くから生魚を食す文化があります。冷蔵保存ができなかった時代には、薬味は解毒や抗菌の作用を得るために欠かせないもので、江戸時代の書物にも登場します。現在では輸送、保存ともに技術が進歩し、いたみを心配して薬味を添えることは減りましたが、魚を美味しく食べる知恵は、受け継がれています。

刺身の基本、たいの「平造り」です。
ここではひと手かけて、湯をかける「湯霜《ゆしも》」にし、皮を美しく仕上げます。
いかの細造りも添えて、二種盛りとしました。

たいといかの刺身

材料（4人分）
真だい（刺身用／皮つき）…1サク
やりいか（刺身用）…$\frac{1}{2}$杯分
大根…3cm　大葉…4枚
よりにんじん（下記参照）…4個
梅肉…適量　わさび…適量

作り方

1 真だいはザルにのせ、身側に塩（分量外）をふる。皮目を上にしてさらしをかぶせ、熱湯を1往復半ほど皮目に添ってかけ、すぐに氷水にとり冷ます。(a)(b)

2 さらしに包み、20～30分程度冷蔵庫に入れて身をしめる。

3 たいの平造り。皮目を上に高い部分を奥側にしてまな板の左手前に置き、右端から6～7㎜の厚さで、包丁の刃元から刃先まで大きく引くようにして切る。切った身はまな板の右側に並べる。(c)(d)

4 いかの細造り。いかの身の先端が左側にくるようにおき、右側から3㎝の帯状に切る。これを包丁の切っ先（先端）を使ってさらに細切りにする。(e)(f)

5 大根は白髪大根にして（179ページ参照）少量を器におき、その上に大葉を敷いて、3を盛る。手前に4を3～5本ずつ互い違いに重ねて盛りつけ、梅肉をあしらう。よりにんじん、わさびを添え、残りの白髪大根をけんにして（179ページ参照）後ろに添える。

真だいのおろし方は184ページ参照。やりいかのおろし方は182ページ参照。
よりにんじんの作り方…にんじんを桂むき（179ページ参照）にし、斜め45度以上の角度で5㎜幅に切る。らせん状にして冷水にしばらくつける。

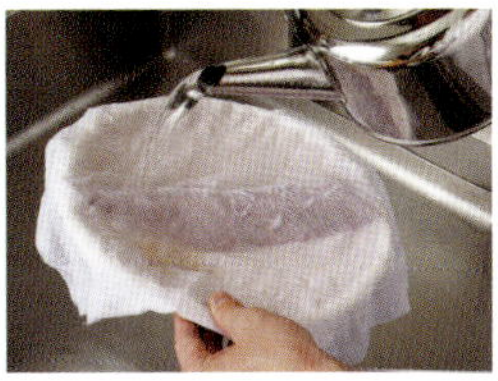
a

b

c

d

e

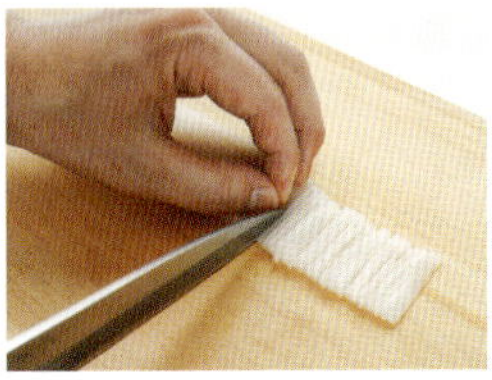
f

しっかりした歯ごたえのかれいは、
薄くそいだ薄造りにしていただきます。
均一に美しく並べると、盛りつけも映えます。

かれいの薄造り

材料（4人分）
かれい（刺身用／ここでは皮つきを使用）…1サク（1/4尾分）
あさつき…5本
すだち…1個
紫芽…適量
もみじおろし（191ページ参照）…適量

作り方

1　かれいは身と縁側の間に包丁（できれば柳刃）を入れ、縁側を切り離す。(a)

2　皮を下、尾側を左にしてまな板に置き、尾側から皮と身の間に包丁の刃を入れて皮を引く。包丁の刃をまな板にぴったりつけながら左手で皮をひっぱり刃を進めるのがポイント。縁側も同様に皮を引く。(b)

3　身は左端からごく薄くそぎ切りにし、器に1枚ずつ広げて扇状に並べる。常に12時の方向で刺身が盛れるように少しずつ器をまわして盛り、きれいに並べる。(c)

4　縁側は食べやすい長さに切り、器の中央に重ねて盛る。

5　あさつきは3cm長さに切り、すだちは4等分に切る。4の手前にあさつき、もみじおろしを盛り、すだち、紫芽を添える。

a

b

c

かれいは夏、ひらめは冬が旬

「左ひらめの右かれい」とは、おなかを手前にして目が顔の中央よりも手前にくるように置いた時の頭の向きです。似た姿で目の位置が逆のこのふたつの魚は、旬も反対で、多くのかれいは夏で、ひらめが冬です。いずれも刺身や煮物、焼き物などで楽しめるので、旬に合わせていただきましょう。

春に旬を迎える貝に、同じく新ものが出まわる
新わかめとわけぎをあわせ、辛子酢みそでいただきます。
辛子は酢みそが冷めてから加え、辛みを立たせます。

あさりとわけぎのぬた

材料（4人分）
あさり…500g　酒…大さじ2　わけぎ…4本
わかめ（塩蔵）…30g　うど…3㎝
辛子酢みそ［赤みそ…60g　砂糖…50g
米酢…大さじ2　水辛子…小さじ1］

作り方

1 辛子酢みそを作る。鍋にみそ、砂糖、米酢大さじ1を入れて混ぜ、強火にかけてつやが出るまで練る。残りの米酢を加え混ぜ、再びつやが出たら火を止めて冷まし、水辛子（191ページ参照）を加えて混ぜる。(a)(b)
2 あさりは砂抜きしてから殻をこすり合わせるように洗い（175ページ参照）、フライパンに酒とともに入れ、蓋をして強火にかける。殻が開いたら火を止めてザルにあけ、殻から身を外す。(c)(d)
3 わけぎは白い部分と青い部分に分けて切り、白い部分から先に塩ひとつまみ（分量外）を加えた熱湯でゆでる。青い部分も加え、緑色が鮮やかになったらザルにとり、うちわであおいで冷ます。全体を包丁の背で軽くたたき、根元に向かってしごいてぬめりを出し、4㎝長さに切る。(e)(f)
4 わかめは水につけてもどしてザルにあけ、熱湯をさっと霜ふる。うちわで冷まし、ふちの部分に筋があれば切りとり、2㎝幅に切る。うどは5㎜のあられ切り（177ページ参照）にして水にとる。
5 器に3のわけぎ、2のあさり、4のわかめを盛り、1の辛子酢みそをかけ、うどを散らす。

写真後方は和えて盛りつけたもの。うどは短冊切りにしています。

a

b

c

d

e

f

ぬたは本来酒粕料理

「ぬた」は「沼田」からの呼び名で、どろっとしたものを指します。歴史の古い料理で、室町時代の文献にすでにその名が見られますが、当時の正式名称は「ぬたなます」で、細切りにした魚などを、みそではなく酒粕で和えたものでした。

焼き魚は、頭を左、腹を手前に盛りつけます。
表面になるほうからきれいな焼き目をつけましょう。
魚を反らした方法で串を打ち、姿よく焼き上げています。
これを「筵打ち」といいます。

あじの塩焼き

材料(4人分)
あじ…4尾
塩…適量
大根おろし…200g
しょうゆ…適宜

a

作り方

1 あじはぜいごをそぎ切り、つぼ抜きする(182ページ参照)。口からブラシを入れてお腹の中を水で洗う。

b

2 あじを反らせながら金串を右目のふちから打ち、背側の尾に近い部分に出す。(a)(b)

c

3 もう1本の金串を口からさし入れ、1本目の串の先の下(尾に近い部分の腹側)に出す。表身(頭を左にし、腹側を手前にしておいた時に見える部分)には串は出ていない状態。これを「笹打ち」と呼び、尾の上がったきれいな姿に焼き上がる。(c)

d

4 ひれの焼け落ちを防ぐため、尾びれと胸びれに指で塩をまぶす。全体に塩をふる。(d)(e)

e

5 グリルできれいな焼き目がつくまで10分ほど焼く。尾が焦げそうならアルミホイルで包む。片面焼きグリルの場合、表身から焼き、焼き色がついたら返して裏側を焼き上げる。(f)

f

6 串を抜いて器に盛る。水気を軽くきった大根おろしを添え、しょうゆをかける。これを染めおろしという。

ここで使用している金串は、18㎝ほどの短いもの。家庭用グリルに入り、魚を姿よく焼き上げるのに重宝します。

一尾の魚のうま味

あじ、さんま、いわしなどは、家庭でも一尾の姿のまま、ぜひ丸ごと焼いてみてください。骨から出るうま味が身に移り、切り身とは違った美味しさを感じるはずです。一尾の魚をすぐに料理しない場合は、いたみやすい内臓を除いてから保存し、できるだけ早く食べましょう。

ぶりをフライパンで焼く時、余分な脂や水分は丁寧にとり除きましょう。
酒と水を混ぜた「玉酒」で蒸し焼きにし、
魚のうま味を残しながらくせをとります。

ぶりの鍋照り焼き

材料（4人分）
ぶり（切り身）…4切れ
しょうゆ…大さじ1
サラダ油…小さじ1
たれ
［しょうゆ…大さじ1½　みりん…大さじ1½
砂糖…小さじ2］
玉酒
［水…大さじ2　酒…大さじ1］
大根おろし…適量
棒しょうが甘酢漬…4本（下記参照）

作り方

1 ぶりはしょうゆをまぶして10分ほどおき、下味をつける。冬場の脂がのっているものは30分ほどおくとよい。(a)
2 たれの調味料を混ぜ合わせ、砂糖をよく溶かす。別のボウルで玉酒の材料も合わせる。(b)
3 フライパンにサラダ油を熱し、ぶりを盛りつける時に上にしたい面を下にして並べ入れる。(c)
4 強火で焼き、色よく焼き目がついたら返す。火を弱め、出てきた脂をキッチンペーパーでふきとる。(d)
5 一度火を止め、玉酒を加え、蓋をして中火で2分ほど蒸し焼きにする。(e)(f)
6 再度、脂と水分をふきとり、たれを加える。ぶりにスプーンでたれをかけて、全体にたれをからめながら焼く。(g)(h)
7 器に盛り、大根おろしと棒しょうが甘酢漬を添える。

棒しょうが甘酢漬の作り方…米酢大さじ2、砂糖大さじ1、塩少々、水大さじ3をよく混ぜて甘酢を作り、コップなどに入れる。谷中しょうが4本はふきんでよくしごいて汚れをとり、熱湯に15秒ほどくぐらせ、茎に近い赤い部分までを甘酢につける。15分ほどおくと茎がきれいに発色する。

a

b

c

d

e

f

g

h

しょうゆ、みりん、砂糖でこっくりと煮つけた、基本の煮魚です。
しょうがと酒でくせを消しながら、煮くずれないように短時間で煮上げます。
味は中まで含ませるのではなく、魚に煮汁をからめるようにしていただきます。

めばるの煮つけ

材料(2人分)

めばる…2尾

煮汁

［しょうゆ…$\frac{1}{3}$カップ　みりん…$\frac{1}{3}$カップ

砂糖…大さじ3］

ごぼう…20～25cm(鍋に入る長さ)

米のとぎ汁…適量　しょうが…15g

玉酒［酒…$\frac{1}{2}$カップ　水…1カップ］

木の芽…適宜

作り方

1 めばるはつぼ抜きして内臓を出し(182ページ参照)、口からブラシを入れてお腹の中を水で洗う。

2 ごぼうは皮をこそげ落として縦に四つ割りにする。鍋に入れ、たっぷりの米のとぎ汁を注いで中火にかけ、ごぼうに細串が入るまでことことゆでそのまま冷まし、洗う。しょうがは薄切りにする。玉酒は合わせておく。

3 めばるをまな板に置き、火が入りやすいよう、骨にあたるまで胴に斜めの包丁目を入れる。(a)

4 煮汁の材料を鍋に入れる。強めの中火で煮立てて、2のごぼう、3のめばるを並べ入れる。(b)

5 しょうがを散らし入れ、水でぬらした落とし蓋をのせる。煮汁が上がったら玉酒の半量を落とし蓋の上からかける。再び煮汁が上がったら残りの玉酒をかける。煮汁で魚の表面が固まり、酒でくさみが抜ける。(c)(d)

6 煮汁が常に上がるように火加減を調整しながら、時々落とし蓋をとり、煮汁をまわしかける。味が全体に均一につき、照りもよくなる。(e)

7 煮汁が半量になり、泡につやが出たら火の止め時。(f)

8 ごぼうをとり出して4cm長さに切り、めばるとともに器に盛り、煮汁をかける。好みで木の芽を添える。

a

b

c

d

e

f

さばを煮る前に、「ふり塩」「霜ふり」で、うま味を引き出します。
「練りみそ」を加えて、こっくり、つややかな仕上がりに。

さばのみそ煮

材料（4人分）
真さば…4切れ（6㎝長さ）
昆布だし
［昆布…5㎝　水…3/4カップ］
練りみそ
［赤みそ…60g　砂糖…45g　酒…大さじ2］
しょうが…30g

作り方

1 昆布だしの材料を合わせて、30分おく。しょうがは皮をむき、皮に近い部分は薄切りにする。中心は細いせん切りにする（針しょうが）。

2 さばは血合の部分に、皮目から深さ5㎜ほどの包丁目を入れる。皮が破れるのを防ぐことができ、火も入りやすい。(a)

3 さばを深さのある目ザルに入れ、全体がうっすらと白くなるくらいの塩（分量外）をふり、熱湯に入れる。表面の色が変わったらザルごと上げて水気をきる。これを「霜ふり」と呼び、くせをとり、うま味を引き出す。(b)

4 小鍋に練りみそ用の赤みそ、砂糖、酒大さじ1を入れてなじむまで混ぜ、強火にかけて混ぜながらつやが出るまで練る。酒大さじ1を加えて再びつやが出るまで練る。(c)(d)(e)

5 大きめの鍋（直径21㎝程度）に1の昆布だしを入れ強火にかけ、小煮立ち（187ページ参照）になったらさばを皮目を上にして並べ入れ、しょうがの薄切りを加える。4の練りみそを加え、ぬらした落とし蓋をし、いつも煮汁が落とし蓋にあたるくらいの火加減で6分ほど煮る。(f)(g)

6 火を止めるタイミングは、煮汁のつやが元の練りみそのつやにもどるくらいが目安。(h)(i)

7 器に盛って煮汁をかけ、針しょうがを添える。

a

b

c

d

e

f

g

h

i

いわしはしっかりたたいて、ふんわりとした仕上がりに。
しょうが汁たっぷりで、体の芯まであたたまるお椀です。

いわしのつみれ汁

材料（4人分）
真いわし…大3尾（300g）
長ねぎ…¼本
仙台みそ…15g
かたくり粉…小さじ1
しょうが…15g
煮汁
［昆布…15㎝　水…4と½カップ］
塩、しょうゆ…各少量

作り方

1 しょうがはすりおろし、汁をしぼる。長ねぎは3㎝長さの馬簾《ばれん》に切る（179ページ参照）。
2 いわしは手開きにし（180ページ参照）、ぶつ切りにしてから包丁で粘りが出るまでよくたたく。(a)(b)
3 2にみそ、かたくり粉、しょうが汁（仕上げ用に少し残す）を順に加え、その都度混ぜるようにたたいて均一にする。塩分が加わることでさらに粘りが出る。(c)(d)
4 鍋に煮汁の昆布と水を入れて中火にかけ、沸いてきたら昆布をとり出す。(e)
5 落とし蓋などに3のたたきをのせ、菜箸でひと口大にまとめながら鍋に加える。(f)
6 汁をぐらぐら煮立てないよう火加減し、つみれがくずれないように注意しながら、玉じゃくしでアクをとる。(g)
7 つみれが浮いてきたら、味をみて、塩、しょうゆで味をととのえる。長ねぎを加え、残しておいたしょうが汁を加えて香りよく仕上げる。(h)

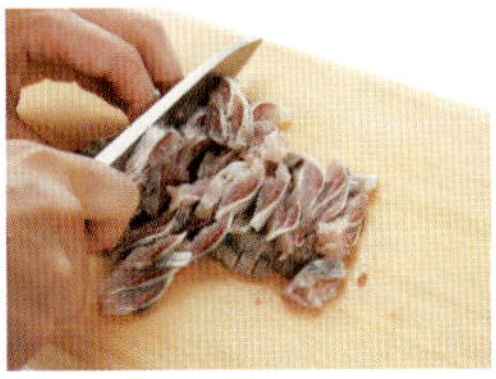
a

b

c

d

e

f

g

h

煮ても焼いても美味しいいわし

いわしはうま味の強い魚で、刺身、塩焼き、煮魚など、どんな調理法にも向きます。ここで紹介しているつみれのたねに、刻んだ大葉を混ぜて180℃の油で揚げても美味しい一品に。いわしの旬は夏から秋で、涼しくなるにつれ脂がのってきます。サイズにより呼び方があり、小さいものが小羽（しょうば）、80～120gのものが中羽（ちゅうば）、120g以上のものは大羽（おおば）。大きいものほど脂がのっています。

二度揚げすることで、豆あじの骨まで美味しく食べられます。
揚げたてに湯をかけて余分な油を落として、南蛮酢をしみやすくします。
一緒につける野菜は季節に合わせて用意しましょう。

豆あじの南蛮漬け

材料(4〜6人分)
豆あじ…12尾(240g)
甘長唐辛子…赤・緑各2本(しし唐辛子でも可)
南蛮酢[酢…$\frac{1}{4}$カップ　砂糖…大さじ2
　淡口しょうゆ…小さじ1]
かたくり粉、揚げ油…各適量
白髪ねぎ(177ページ参照)…適宜　赤唐辛子…1本

作り方

1 鍋に南蛮酢の調味料を合わせて中火にかける。砂糖が溶けたら火を止め、熱いうちに赤唐辛子の種を抜いて加え、冷ます。

2 豆あじは、えらぶたを開いて親指と人さし指でえらをつまみ、手前に引いて胸びれと内臓を一緒にとる。流水で残りの内臓をきれいに洗い、キッチンペーパーで水気を丁寧にふきとる。(a)(b)

3 豆あじを揚げる。豆あじの腹の部分にはけでごく薄くかたくり粉をまぶし、160℃(菜箸を入れてひと呼吸おいて泡が出てくるくらいが目安)にした揚げ油で揚げる。泡が小さくなったら、ひき上げて冷まし、水分を蒸発させる。最初に低温でじっくりと揚げて魚の水分をとばす。(c)(d)

4 甘長唐辛子は油はねを防ぐため包丁の先で1カ所に穴をあける。揚げ油を170℃に熱し(油に粉を落としてすぐに浮いて小さい泡が出るくらいが目安)、甘長唐辛子を入れる。10秒ほどしてパチパチと音がしたら、ひき上げて油をきる。(e)

5 油の温度を180℃に上げ(油に粉を落としてすぐに散るくらいが目安)、3の豆あじをきれいな揚げ色がつくまで揚げる。二度目はとくに油がはねやすいので、必ず鍋蓋などでよけながら揚げる。(f)

6 揚げたての豆あじを網にのせ、湯をかけて油抜きする。バットに並べて1をかけ、甘長唐辛子とともにつける。5分ほどで味がしみる。(g)(h)

7 器に盛り、好みで白髪ねぎ、1の赤唐辛子の小口切りを添える。

a

b

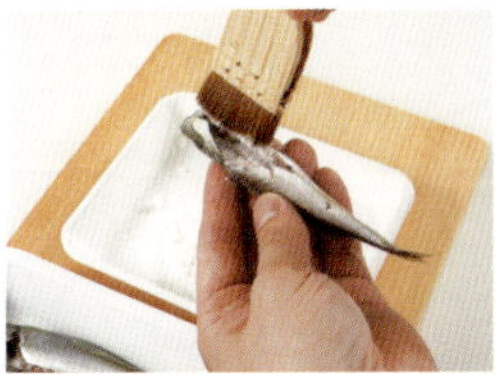
c

d

e

f

g

h

美味しいたれをぬり重ねて焼き、皮はパリッと、肉はやわらかく仕上げます。
長ねぎも一緒に焼いて、前盛りにします。

とり肉の照り焼き

材料（4人分）
とりもも肉…2枚（600g）
塩…少々
しょうゆ…大さじ1
たれ
［しょうゆ…大さじ3　みりん…大さじ3
砂糖…大さじ$1\frac{1}{2}$］
長ねぎ…$\frac{1}{4}$本
粉山椒…適宜

a

b

c

d

e

作り方

1 とり肉は3等分に切り分ける。両面に薄塩（187ページ参照）をふって、しょうゆをふりかけ、15分おいて下味をつける。長ねぎは3cm長さに切る。(a)(b)

2 小鍋にたれの調味料を合わせて中火にかけ、半量になるまで煮詰める。(c)

3 グリルの焼き網にホイルを敷き、とり肉を皮目を上にして並べ、中火で焼く。表面に焼き色がついたらはけでたれをぬり、あぶる。たれが乾いてきたら、再度ぬる。片面焼きグリルの場合、皮目を上にして中火で色よく焼き、裏返して反対側も焼く。最後に再度皮目を上にしてたれをぬり、焼き上げるとよい。(d)

4 3の要領でたれを3、4回ぬりながら、中まで火を通す。最初は皮がたれをはじくが、火が通るにつれてなじみがよくなる。(e)

5 途中でホイルのあいたところに長ねぎも並べ、焼き目がつくまで焼く。

6 とり肉を食べやすい大きさに切って器に盛り、焼きねぎを添える。好みで粉山椒をかけても。

「火の味」を楽しむ

照り焼きには、鍋の中でたれとからめる「鍋照り」と、グリルなどの直火でたれをぬりながら焼き上げる方法があります。ここで紹介しているのは後者で、高温の熱が肉の風味を変化させ、香りを与えます。また、ここで使用しているたれは、保存容器に入れて長期保存できます。

とりむね肉は繊維に沿って切り分けることで縮みを防ぎ、
やわらかく揚がります。
下味のしょうゆには、香ばしさを添える役割も。

とり肉の竜田揚げ

材料（4人分）
とりむね肉…1枚（350g）
しし唐辛子…8本
しょうが…20g
しょうゆ…大さじ2
かたくり粉…適量
揚げ油…適量

作り方

1 とり肉は繊維に沿ってひと口大のそぎ切りにする（175ページ参照）。しし唐辛子は茎を切り落として、油がはねないように穴をあける。しょうがはすりおろす。(a)

2 とり肉をボウルに入れ、1のしょうがとしょうゆを加え、手でもみ込んで下味をつけ、15分ほどおく。手でもむことで下味が入りやすく、やわらかくなる。(b)(c)

3 揚げ油を170℃に熱し（油に粉を落としてすぐに浮いて小さい泡が出るくらいが目安）、しし唐辛子をさっと色よく揚げる。

4 揚げ油を180℃に熱する（油に粉を落としてすぐに散るくらいが目安）。2のとり肉にたっぷりのかたくり粉をはたき、余分な粉をしっかり落としてから静かに油に入れる。(d)(e)

5 揚げ色がつき、肉が浮いてきて、ふらふらと動くようになったら、ひき上げて油をしっかりときる。(f)

6 器に竜田揚げを盛り、しし唐辛子を添える。

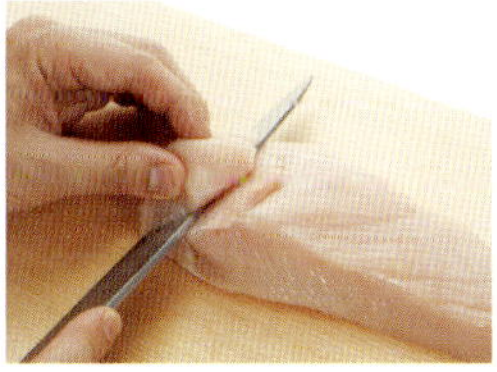
a

b

c

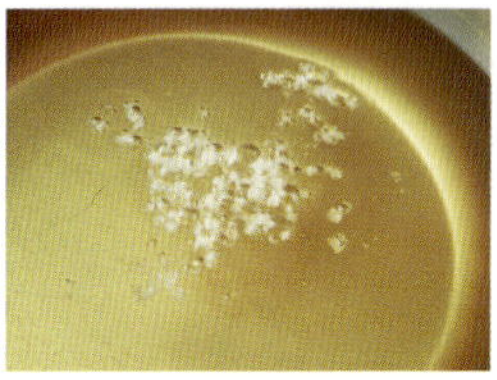
d

e

f

秋の神様に由来する「竜田」

しょうゆで色づいたとりの色が、かたくり粉の間にのぞく竜田揚げ。食欲をそそる色彩ですが、名の由来は風流で、紅葉のようなそのさまを秋の神様「竜田姫」になぞらえたといわれています。

本来どじょうで作る柳川鍋を、手軽に豚肉で作ります。
豚肉は香ばしく焼いてから煮込んで、
鍋の汁とのメリハリをつけます。

豚肉の柳川風鍋

材料（2人分）
豚肩ロース薄切り肉…150g
ごぼう…⅓本（40g）
煮汁
［だし…½カップ　酒…大さじ½　砂糖…小さじ1
しょうゆ…小さじ2　みりん…大さじ1］
卵…2個
あさつき…5本　粉山椒…適宜
サラダ油…適量

作り方

1 豚肉は塩少々（分量外）をふる。ごぼうはささがきにし、水にさらしてアクを除く。あさつきは小口切りにする。
2 フライパンを中火で熱し、サラダ油を敷く。豚肉を並べ入れ、フライ返しで押さえながら、両面がカリカリになるまで焼く。(a)(b)
3 火にかけることのできる器か鍋に煮汁の材料を合わせてはり、ごぼうの水気をきって鍋底に広げるように入れ、中火にかける。(c)(d)
4 煮汁が沸いてきたら2の豚肉を並べ入れ、溶きほぐした卵をまわし入れてとじる。(e)(f)
5 卵にほんのり火が入ったら、あさつきをちらす。好みで粉山椒をふっても。

a

b

c

d

e

f

江戸が発祥の柳川鍋

柳川鍋は、ごぼうの入った卵とじの料理で、どじょうやうなぎで作るものが有名です。現在では福岡県柳川の名物にもなっていますが、もともとは江戸大伝馬町にあった「柳川屋」が始めた料理といわれ、店主がその地の出身という説もあります。

ごまを入れた煮物を「利《り》久《きゅう》煮」と呼びます。
肉と野菜を別に煮た「炊き合わせ」にすることで、
味のバランスをとります。

牛肉となすの利《り》久《きゅう》煮

材料（4人分）
牛薄切り肉（しゃぶしゃぶ用）…150g
なす…2本　さやいんげん…12本
野菜用煮汁［だし…1カップ　砂糖…大さじ1
　しょうゆ…大さじ1　酒…大さじ½
　みりん…大さじ½］
みがきごま（皮をむいたごま）…大さじ4
肉用煮汁［だし…1カップ　砂糖…大さじ1と½
　しょうゆ…大さじ1　みりん…大さじ1］
木の芽…適宜　揚げ油…適量

作り方

1 なすはヘタを除いて縦半分、横半分に切って4等分にし、皮に斜めに浅い切り込みを入れる。(a)
2 揚げ油を170℃に熱する（なすのヘタを入れて、ひと呼吸おいて泡が出るくらいが目安）。1を皮目から入れ、30秒ほどしたら裏返し、切り目が薄く色づくまで揚げる。(b)(c)(d)
3 さやいんげんはヘタと筋をとり塩ゆで（分量外）する。
4 鍋に野菜用煮汁の材料を合わせて煮立て、2のなすを入れて5分ほど煮る。火を止める直前にさやいんげんを加える。(e)
5 ごまはきつね色になるまで煎り、すり鉢でよくする。
6 鍋に肉用煮汁の材料を合わせて強火にかけ、煮立ったら火を止める。これを5に少しずつ加え、よく混ぜてなじませる。(f)
7 6を鍋に入れて火にかけて中火であたため、4㎝長さに切った牛肉を入れてさっと火を通す。火を通しすぎると煮汁が分離するので注意。肉の色が変わったら火を止める。(g)(h)
8 7の牛肉、4のなすとさやいんげんを器に盛り、好みで木の芽を飾る。

a

b

c

d

e

f

g

h

ごまを愛した利休

「利久（または利休）」とつく料理はごまを使ってあり、「利久揚げ」「利久煮」のように使います。この呼び名は、千利休がごまを好んだことから、長男の道安が考えたとされています。

和食における魚のきまりごと

和食では、魚の盛りつけに作法があります。頭つきの魚を盛りつける場合、頭を左に、腹側を手前にします。なぜそうするのかといいますと、日本は左に重きをおく文化だからです。この文化は、古代中国から伝わり天帝が南を向いて政治を行ったことに由来します。天皇から見て太陽の昇る東が左側になることから、左側がより重要な位置だと考えられたそうです。そのため、魚の盛りつけも大事な頭の部分を左に置きます。ただし、かれいは頭の位置が異なります。私どもの近茶流では、あるがままの自然な姿を尊び、かれいは頭を右にして盛りつけます。

魚には表身、裏身があります。表身というのは、魚の頭を左にし、腹側を手前にしておいた時に上になる部分です。この表身、裏身というのは江戸時代に始まったといいます。その時代の漁師、魚を運ぶ人、河岸《かし》の人、棒手振《ぼてふり》に「表身を上にして置く」という共通のとりきめがあり、そうすることで表身を傷つけることなく運べ、なおかつ鮮度を保っていました。裏身は常に重みがかかり状態が悪くなりやすいことから高級料亭などでは、表身のみを提供していたのだそうです。お客さまをおもてなしする際は、表身を刺身でお出しして、裏身を焼き物や煮物などに、と考えてお出しすると、なおよいでしょう。

さて、魚の開き方には腹開き、背開きがありますが、あなたのご家庭ではどちらでしょうか。関東では背開き、関西では腹開きが一般的です。江戸料理を伝えている近茶流では背開きにしています。その理由は、江戸魚河岸のしきたりに応じ、「表身尊重」のため。魚の身で一番よい身は、表身の背側とされていて、その身からおろすので、背から包丁が入るのです。腹開きは、切腹を連想させ、縁起が悪いので武士が嫌ったという説もありますが、背から切られるほうが不名誉なため、そうではないと近茶流は考えています。

第三章

卵、豆腐、乾物等のおかず

ほんのり甘い、江戸の玉子焼き。
ふんわり焼くコツは卵を混ぜすぎないこと。
ある程度強い火加減のほうが、ふっくらと焼き上がります。

江戸厚焼き玉子

材料（4〜5人分）
卵（M玉）…5個
甘露だし
［だし…70$m\ell$　砂糖…大さじ4
しょうゆ…小さじ1強　酒…大さじ$1\frac{1}{2}$
塩…小さじ$\frac{1}{5}$］
サラダ油…適量　大根おろし…適量

作り方

1 鍋に甘露だしの材料を入れて中火にかけ、砂糖が溶けて小煮立ち（187ページ参照）になったら火からおろして冷ます。

2 卵は1個ずつカラザをとり（175ページ参照）、ボウルに合わせる。白身は菜箸で切るようにほぐし、白身と黄身を軽く混ぜたら1の甘露だしを加え、軽く合わせる。(a)(b)

3 玉子焼き鍋を中火であたため、たっぷりのサラダ油を熱し、キッチンペーパーなどで余分な油を吸いとりながら鍋全体になじませる。少量の卵液を落としてジュッと焼ける程度にあたたまったら、卵液の$\frac{1}{4}$程度を鍋全体に広げるように流し入れる。(c)

4 半熟状になったら鍋の手前半分に手早くまとめ、あいた部分に油をぬる。(d)

5 卵を奥にすべらせ、あいた鍋の手前部分に油をぬる。残った卵液の$\frac{1}{3}$程度を流し入れ、奥の卵を菜箸で持ち上げて下に流し込む。(e)

6 流し込んだ卵がその上の卵とついたら、菜箸を横から差し入れて手前にたたむようにして二つ折りにする。(f)(g)

7 あいた部分に油をぬって卵を奥にすべらせ、5、6の要領で焼き重ねていく。(h)

8 最後は表面にきれいな焼き色をつけ、小さなまな板などにとり出す。板を鍋にかぶせ、鍋ごと返すようにすると形がくずれない。食べやすい大きさに切って器に盛り、大根おろしを添える。(i)

a

b

c

d

e

f

g

h

i

具材をだしでさっと煮て卵でとじる料理を、「煮《に》寄《よ》せ」と呼びます。
特別に具を用意しなくても、下ゆでしておいた青菜や、
ほかの料理に使った魚介類などでも作れるやさしい味。

げそとほうれん草の煮《に》寄《よ》せ

材料（4人分）
いかのげそ…1杯分
ほたて貝柱（生）…2個
ほうれん草…½束
煮汁
［だし…1カップ　砂糖…大さじ1と½
淡口しょうゆ…大さじ2と½］
卵…2個

作り方

1 げそは、口、目、内臓を除き、水で洗ってほどほどの大きさに切る。ほたて貝柱は立て塩（188ページ参照、分量外）で洗って水で流し、さいの目に切る。(a)
2 ほうれん草は塩ゆでして冷水にとり、巻きすで水気をしぼり（17ページ参照）、3㎝長さに切る。
3 鍋に煮汁の材料を合わせて強火にかけ、沸いたら2、1を順に加え、さっと火を通す(b)。
4 卵をボウルに割り入れて軽くほぐし、菜箸を伝わせながら鍋にまわし入れる。(c)
5 軽くかき混ぜ、中火にして蓋をし、10秒ほどで火を止め、30秒ほど蒸らして卵を固める。(d)

a

b

c

d

卵にだしを含ませる煮寄せ

煮寄せを美味しく仕上げるコツは、蒸らして火を入れること。卵は80℃で固まり、それ以上に高温で熱したり、長く煮続けると固くなってしまいます。卵を流し入れたら蓋をして鍋の中の温度を適度に上げ、蒸らすことでふんわりと仕上げます。

巻きすで巻いて形をととのえる寄せ玉子。
シンプルな作り方で、華やかな一品に仕上がります。
なめらかな舌ざわりを楽しめる一品です。

寄せ玉子椀

材料（4人分）
卵…4個　小柱…60g
しめじ…½パック　絹さや…8枚
昆布だし［昆布（だしをとったあとのもの）…1枚
　　水…2と½カップ　塩…小さじ½］
本汁［だし…4と½カップ　淡口しょうゆ…小さじ1
　　塩…小さじ1］
木の芽…適宜

作り方

1 ボウルに卵を割り入れ、カラザをとり（175ページ参照）白身と黄身が完全に混ざるまでよく溶きほぐす。

2 小柱は立て塩（188ページ参照、分量外）の中でふり洗い（190ページ参照）する。水で塩分をさっと流し、1に加えて混ぜる。(a)

3 盆ザルにさらしを敷いておく。鍋に昆布だしの昆布と水を入れて中火にかけ、沸いたら昆布をとり出して塩を加える。2を一気に流し入れ、菜箸でゆっくりとかき混ぜる。卵が浮き固まったら、穴あきお玉ですくって盆ザルにのせ、水気をきる。(b)(c)(d)

4 3をさらしごとまな板にそっと移して包丁の腹（背を下にする）で長方形にまとめる。(e)

5 巻きすにのせて一度巻き、形をととのえる。さらしを外して再び巻いて形をととのえる。両端からすりこぎなどを入れて端まで均等の太さにし、そのまま10分ほどおいて落ち着かせる。(f)(g)(h)

6 しめじは小房に分け、熱湯でゆでて水にとる。絹さやは筋をとり、熱湯でゆでて水にとる。

7 本汁を作る。鍋に本汁のだしを入れて沸かし、調味料を加えて味をととのえる。そのうち½カップを別鍋に入れ、淡口しょうゆ、みりん各少々（ともに分量外）で調味し、6のしめじ、絹さやを加えてひと煮する。5を食べやすい幅に切り、しめじ、絹さやとともに器に盛り、熱々の本汁をはって、好みで木の芽を添える。(i)

a

b

c

d

e

f

g

h

i

絹ごし豆腐の銀と、玉子豆腐の金の二色の冷奴《ひややっこ》。
卵はよくほぐし、だしと合わせてから漉し、なめらかに仕上げます。
豆腐は白く、玉子豆腐より大きく見えるのでやや小さめに切ります。

金《きん》銀《ぎん》豆《どう》腐《ふ》（冷奴《ひややっこ》）

材料（4～6人分）

玉子豆腐［卵…3個　だし…180㎖　塩…小さじ½
　　　　みりん…小さじ½　淡口しょうゆ…小さじ½］

土佐酢［米酢…½カップ　淡口しょうゆ…大さじ2
　　　しょうゆ…大さじ1　みりん…小さじ2
　　　だし…大さじ2　削り節…2g］

絹ごし豆腐…1丁（400g）　みょうが…1個

大葉…4枚　長ねぎ…4㎝

煎り白ごま…小さじ2

作り方

1　玉子豆腐を作る。ボウルに卵を割り入れ、しっかりと溶きほぐす。黄身と白身が混ざったら、残りの材料を加えてよく混ぜる。(a)

2　蒸し器を用意し、割り箸を2本並べ、その上に流し缶をのせる。1の卵液を漉しながら注ぎ入れ、流し缶の持ち手を持ち上げて底の空気を抜く。(b)(c)

3　蒸し器のふちに菜箸を渡してさらしをかぶせ、蓋をして火にかける。はじめの1分は強火で蒸し、弱めの中火にして12分ほど蒸す。卵液が固まり、細串を刺して液体が出なければ蒸し上がり。(d)(e)

4　熱いうちに持ち手のついていない辺に包丁を入れ、持ち手を持ち上げて外す。側面、底面の順に包丁を入れて玉子豆腐を型から離す。粗熱をとる。(f)(g)

5　鍋に土佐酢の削り節以外の材料を入れて中火にかけ、小煮立ち（187ページ参照）になったら削り節を加えて火を止める。さらしで漉し、冷ます。(h)

6　4の玉子豆腐、絹ごし豆腐を食べやすい大きさの奴（四角）に切り、ともに氷水に入れて冷やす。(i)

7　みょうがは小口切りにする。大葉はせん切りにし、ふきんで包んで流水で洗い、アクを抜く。長ねぎは2㎝長さに切って芯を抜き、縦にせん切りにし、水に放して白髪ねぎにする（177ページ参照）。

8　深めの器に氷水をはり、6の玉子豆腐と絹ごし豆腐を盛る。煎りごまと7の薬味、土佐酢を添える。

a

b

c

d

e

f

g

h

i

調味した豆腐を衣にする、やわらかな味わいの和え物です。
豆腐は下ゆでしてしぼり、ほどよい水気を残します。
具材にも下味をつけて、味のバランスをとります。

白和え

材料（4人分）
木綿豆腐…$\frac{1}{2}$丁（200g）
にんじん…40g　さやいんげん…20g
こんにゃく…$\frac{1}{4}$枚（75g）　きくらげ…1枚
下煮用煮汁
［だし…$\frac{1}{3}$カップ　砂糖…大さじ1$\frac{1}{2}$
淡口しょうゆ…大さじ1強］
衣用調味料
［砂糖…大さじ1強　塩…小さじ$\frac{1}{4}$
淡口しょうゆ…少々　酒…小さじ1］

作り方
1 にんじんは皮をむいて3cm長さのせん切りにする。さやいんげんは筋をとり、塩ひとつまみ（分量外）を加えた熱湯で色よくゆで、斜め切りにする。こんにゃくは6〜7mm幅の柱状に切って（小柱切り）熱湯でゆでる。きくらげは水でもどし、固い部分を除いてせん切りにする。
2 鍋に下煮用の煮汁を入れ、にんじん、こんにゃく、きくらげを加えて、にんじんに味が入るまで煮る。(a)
3 さやいんげんを加えてさっと混ぜ、火を止めて味を含ませ冷ます。(b)
4 豆腐は4等分に切って熱湯で1分ほどゆでる。(c)
5 4をさらしに包んで平たい金ザルなどにのせ、木べらで押して水気をしぼる。しぼり加減は、落ちてくる水が濁るのが目安。(d)(e)
6 しぼった豆腐をすり鉢に入れ、全体がなめらかになるまでする。豆腐はすりすぎると粘りが出るので、注意する。衣用の調味料を加え、すりのばし、和え衣を作る。(f)(g)
7 3をザルにあけて汁気をきり、6に加えて和える。(h)

手順6の前に豆腐を裏漉しすると、よりなめらかな仕上がりになります。

a

f

b

g

c

h

d

e

豆腐はしっかり水きりしてから揚げます。
揚げたてをいただけるように、
手順をしっかり把握してから調理しましょう。

揚げ出し豆腐

材料（4人分）
木綿豆腐…1丁（400g）
溶き卵…1個分
かたくり粉…適量
揚げ油…適量
大根…150g
赤唐辛子…1本
あさつき…2〜3本
かけ汁
［だし…$\frac{1}{2}$カップ　淡口しょうゆ…大さじ1
みりん…大さじ$1\frac{1}{2}$］

作り方

1 豆腐はふきんに包んでバットに入れ、重しをのせて30分ほど水きりをする。重しは豆腐と同じ程度の重さが目安。水を入れた小さなボウルをバットにのせると均等に重しがかかり、型くずれしにくい。(a)

2 大根はすりおろして軽く水気をしぼり、緑おろしともみじおろし（191ページ参照）を作る。緑おろしは、あさつきを小口切りにし、大根おろしの半量と混ぜる。もみじおろしは、唐辛子を包丁で細かくたたき、残りの大根おろしと混ぜる。最初に唐辛子と少量の大根を混ぜ、残りの大根でのばすとなめらかな仕上がりに。(b)(c)

3 豆腐を8等分に切り、溶き卵をからめてかたくり粉をまぶす。(d)

4 揚げ油を170℃に熱する（油に粉を落としてすぐに浮いて小さい泡が出るくらいが目安）。3を静かに入れ、きれいな揚げ色がつくまで揚げる。(e)(f)

5 鍋にかけ汁の材料を合わせ、ひと煮立ちさせる。

6 器に4の豆腐を盛って、2色の大根おろしをのせ、熱いかけ汁をはる。

a

b

c

d

e

f

こんにゃくのオランダ煮

食材を、油で炒めたり揚げたりしたあとに煮込む料理をオランダ煮といいます。調味料が先に、だしがあとから入る近茶流の手法です。

材料（4人分）
こんにゃく…1枚（220g）
ごま油…大さじ1
砂糖…大さじ2
しょうゆ…大さじ1½
みりん…大さじ½
酒…大さじ1
だし…大さじ3
七味唐辛子…適量

作り方
1 こんにゃくは味がよくからむよう両面に細かい格子状の切り目を入れて、2㎝角に切る。熱湯に入れ、こんにゃくがあたたまるまで1分ほどゆでる。(a)
2 鍋にごま油を中火で熱し、こんにゃくを入れて、軽く色が変わるまで炒める。
3 表面に細かな泡がまとわりついてきたら、砂糖、しょうゆ、みりん、酒の順に加え、その都度味をからめる。(b)
4 全体に味がからんでからだしを加え、汁気がなくなるまで煮詰める。器に盛り、七味唐辛子をふる。(c)

a

b

c

しらたきの真《ま》砂《さご》和え

真砂とは小さい砂のことをいいますが、料理では「たらこ」のことです。たらこを酒で先に煎るのがポイントです。

材料（4人分）
しらたき…100g
たらこ…½本（¼腹）
酒…大さじ½
煮汁
［だし…カップ¼
酒…小さじ1
淡口しょうゆ…小さじ½
みりん…小さじ½］
木の芽…適宜

作り方
1 しらたきはあたたまるまで熱湯でゆでて石灰のくせを抜き、水気をきって3㎝長さに切る。たらこは1㎝幅に切る。
2 鍋にたらこと酒を入れて弱火にかけ、菜箸で混ぜながらほぐす。
3 ある程度たらこに火が入ったら、たらこの皮を除き、しらたきと煮汁を加え、中火で汁気がなくなるまで煎る。
4 器に盛り、好みで木の芽を上にのせる（天盛り）。

大豆をほんのり甘く煮上げた、シンプルな常備菜です。
重曹を入れた水でひと晩ひたしてもどして、ふっくらと。

大豆の含め煮

材料（作りやすい分量）
大豆…1カップ
重曹…小さじ1
昆布…10㎝
砂糖…大さじ5
淡口しょうゆ…大さじ4
みりん…大さじ1
酒…大さじ1

作り方

1 大豆はボウルに入れ、重曹と豆の3倍量ほどの熱湯（分量外）を加え、ひと晩おいてもどす。(a)(b)

2 1の大豆をもどし汁ごと鍋に移して強火にかけ、沸騰したら泡を玉じゃくしで集めてすくいとる。この泡は重曹によるもので、しっかりととる。(c)

3 泡が出なくなったら火からおろし、流水を注いでゆっくりと湯の温度を下げながら豆を洗い、ザルにあける。温度が急に下がると皮が破れるので注意。

4 鍋をきれいにして大豆を入れ、ひたひたの水を加えて中火程度にかけ、煮る。アクを丁寧にとり、煮汁が少なくなったら水を足しながら、ことことする火加減で豆がやわらかくなるまで40分ほど煮る。(d)

5 昆布は水でもどし、8㎜角に切る。だしをとったあとの昆布があればそれでもよい。昆布を4に加え、再び煮汁が沸いたら砂糖の半量を加える。(e)(f)

6 アクを除きながら3〜4分煮て、残りの砂糖と調味料をすべて加え、煮汁がひたひたになるまで、ことことする火加減で煮て味を含ませる。(g)(h)

a

b

c

d

e

f

g

h

乾燥豆の発芽をとめるもどし方

一般に乾物の豆は常温の水でもどす方法が知られていますが、近茶流では熱湯でもどします。これは、水でもどすと豆は発芽の準備をし、皮が破れやすくなるためです。豆も生きているのです。黒豆、大正金時豆などをもどす時も同様に。ただし乾物の小豆とレンズ豆はもどさず、水からすぐに火にかけて煮ることができます。

高野豆腐は熱湯で十分に膨らませ、水を替えながらふっくらともどします。
食べるとじゅわっと薄甘い煮汁がひろがります。

高野豆腐の含ませ煮

材料（4〜6人分）

高野豆腐…3枚

煮汁［だし…2カップ　砂糖…大さじ5

淡口しょうゆ…大さじ1　塩…小さじ$\frac{1}{3}$

酒…大さじ1］

絹さや…15枚　木の芽…適宜

作り方

1　高野豆腐は横半分に切り、ボウルに入れてたっぷりの熱湯を注ぐ。半分に切ってからもどすほうが、もどりがよい。高野豆腐が浮かないように落とし蓋をして押さえ、さらに冷めないようにかぶせ蓋をし、1分蒸らす。木べらで高野豆腐を返し、同様に蓋をしてさらに1分蒸らす。(a)(b)

2　落とし蓋の上に水を注ぎ、何度か水を替えながら冷ます。もどした高野豆腐は水圧でくずれやすいので、手の甲に水をあてて水の衝撃を和らげながら注ぐとよい。(c)

3　高野豆腐を両手ではさみ、水の中で押し洗いする。粉が出て味がすっきりとし、さらによくもどる。ここでさらに半分に切る。(d)(e)

4　鍋に煮汁の材料を合わせて強火にかけ、ひと煮立ちしたら両手ではさんで水気をしぼった高野豆腐を加え、ことこと沸くぐらいの火加減で5分ほど煮含める。煮汁に塩分が入っていないと高野豆腐がくずれるので、すべての調味料を合わせた煮汁で煮る。(f)(g)

5　絹さやは筋をとってゆで、水にとって冷ます。斜めにせん切りにし、水にさらして種を除く。4の熱い煮汁にさっとつける。

6　器に高野豆腐を盛って絹さやを添え、好みで木の芽を上にのせる（天盛り）。

手順1で熱湯をかけるのは、ふっくらと歯ざわりよくもどすためですが、時間をおきすぎると高野豆腐がくずれてしまうので注意してください。

a

b

c

d

e

f

g

h

乾物のひじきは、一度水でもどし、さらに霜ふります。
煮ている間はできるだけさわらず、落とし蓋に仕事をしてもらいます。

ひじきの煮物

材料（作りやすい分量）
ひじき（乾燥）…30g
油揚げ…1枚
煮汁［だし…1カップ　砂糖…大さじ3と½
しょうゆ…大さじ2と⅓　酒…大さじ1
はちみつ…大さじ1］

作り方

1 ひじきは水で洗い、たっぷりの水に10分ひたしてもどす。もどす水が少ないともどりにくく、もどす時間をかけすぎると味が抜けるので注意。(a)

2 鍋に湯を沸かしてひじきを入れ、再び沸騰したらザルにあけて湯をきる（霜ふる）。湯に通すことで、アクが抜け、完全にもどり、味を含みやすくなる。ひじきは長ければ3cm長さに切る。(b)

3 油揚げは熱湯をまわしかけ、縦半分に切って5mm幅の細切りにする。

4 鍋にひじきと油揚げを入れて煮汁のだしを注ぎ、中火にかける。(c)

5 だしが沸いたら砂糖を加え、落とし蓋をしてなじませ、ことことする火加減で2〜3分煮る。この段階で、菜箸などでかきまわすとひじきの表面が荒れるので、落とし蓋をして煮汁を対流させ、砂糖を全体にまわす。(d)(e)

6 しょうゆ、酒を加え、再び落とし蓋をして同様の火加減で煮る。(f)

7 煮汁が半量になったら落とし蓋を外し、はちみつを加え、木べらで全体をさっと混ぜて仕上げる。(g)

a

b

c

d

e

f

g

ひじきは海女さんの副収入？

ひじきの旬は、5月ごろ。水がぬるむころに海女さんが海に潜り始めます。海底に生息するあわびなどをとりに出て、その帰りに沿岸の岩場に生えているひじきをとって上がるという人も多いそうです。貝でいっぱいになったたも（容器）に蓋をするようにひじきを入れるので、貝の乾燥を防ぐのにもひと役買っています。

切り干し大根は水にさらしてもどすと味が抜けてしまいます。
もみ洗いしてから、軽くしぼってザルに置き、
切り干し大根のまわりについた水を吸わせてもどすのが美味しさの秘訣。

切り干し大根の炒め煮

材料（作りやすい分量）
切り干し大根…25g　油揚げ…１枚
ごま油…小さじ２　だし…$\frac{2}{3}$カップ
砂糖…大さじ２　しょうゆ…小さじ２　酒…大さじ１

作り方

1 切り干し大根はボウルの中でもみ洗いし、水気が残る程度にしぼってザルにのせ、10分ほどおく。かたまりのままおいて、切り干し大根についた水気を適度に吸わせる。３〜４㎝長さに切る。(a)(b)

2 鍋に湯を沸かして切り干し大根をゆでる。再び沸騰したらザルにとり、水気がしっとり残る程度にしぼる。ゆでることでアクが抜け、完全にもどる。(c)

3 油揚げは熱湯をかけて油抜きをし、縦半分に切って6㎜幅の細切りにする。

4 鍋にごま油を熱し、2の切り干し大根と3の油揚げを炒める。(d)

5 切り干し大根に透明感が出てきたら、だし、砂糖を加え、落とし蓋をしてことことする火加減で２分煮る。(e)(f)

6 しょうゆ、酒を加えて再び落とし蓋をして同様の火加減で煮る。菜箸などで混ぜすぎると切り干し大根の表面があれてぼそぼそとするので、あまりさわらないように。

7 時々落とし蓋を押さえて煮汁が全体にまわるようにする。煮汁がほとんどなくなったら火を止め、冷ましながら味を含ませる。(g)

a

b

c

d

e

f

g

切り干し大根の旬は春

昔ながらの製法で作られる切り干し大根は、収穫後2月から3月にかけて冷たい風が吹くころに干し、それが3月から4月に出まわります。新しいものは白っぽいのが特徴。乾物でも酸化するとすえた臭いがしてくるので、密閉して冷暗所で保存しましょう。

豆腐作りの過程で生まれるおから。
しっとりと炊き上がってから少しおいて、味をなじませます。

卯《う》の花《はな》だき

材料（作りやすい分量）

おから…200g

にんじん…70g

長ねぎ（細めのもの）…1本

こんにゃく…$\frac{1}{4}$枚（75g）

油揚げ…1枚

ごま油…大さじ1と$\frac{1}{2}$

だし…1と$\frac{1}{2}$カップ

砂糖…大さじ3と$\frac{1}{2}$

しょうゆ…大さじ3と$\frac{1}{2}$

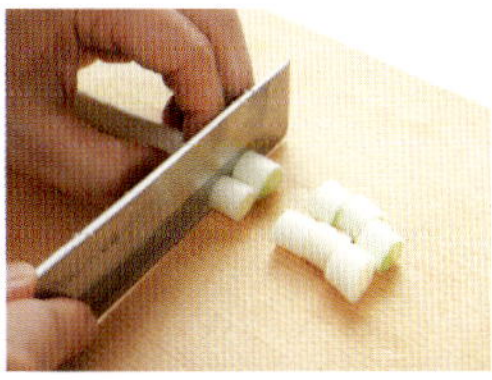

a

e

b

f

c

g

d

作り方

1 にんじんは皮をむいて4cm長さのせん切りにする。ねぎは1cm幅の小口切りにする。(a)

2 こんにゃくは5mm角の小さな柱状に切り（小柱切り）、熱湯でさっとゆでる。油揚げはザルに広げて熱湯をまわしかけて油抜きをし、縦半分に切って、5mm幅の細切りにする。(b)

3 鍋にごま油を熱し、強火でねぎを炒める。ねぎの香りが出たらにんじん、こんにゃく、油揚げを順に加え、その都度炒め合わせる。(c)

4 中火にしておからを加え、木べらを鍋底から返すように大きく混ぜて全体を炒め合わせる。(d)

5 だしを注ぎ入れ、砂糖、しょうゆを順に加える。だしの量が少なく感じるかもしれないが、野菜から水が出てくるので心配なし。また、だしを加えてからは混ぜすぎると舌ざわりが悪くなるので、鍋底から全体を返す程度にする。(e)(f)

6 鍋底が焦げない程度に時々混ぜながら、中火で汁気がほとんどなくなるまで煮る。(g)

卯の花、またの名を雪花菜《せっかさい》

卯の花とは、空木《うつぎ》の花のこと。小さな花で、咲き終わるとほろほろと散り、地面に落ちたさまが似ていることからおからの別名となりました。また、おからの別名には「雪花菜」もあり、これは雪の花のように白いというたとえです。このように別名がついたのは、「おから」が「空《から》」を連想させることを避ける言霊信仰からです。

お料理、食卓を彩る器と皆敷《かいしき》

日本料理ではさまざまな器を使うことで、お料理や食卓を彩り豊かにすることができます。季節感を伝える器や吉事の器もありますし、一年中使える器、特定の料理専用の器もあります。それぞれの料理を引きたてる器を見つけてください。

季節感のある器には、その季節を象徴するかたち、素材があります。花のかたちの器で春を寿ぎ、夏はガラス素材で涼やかさを、秋は実山椒がはじけたかたちの割山椒で侘びさを、冬は陶器でぬくもりを、というように四季と一体の器を選びましょう。季節の器を使う時に気をつけたいのが模様です。その季節に合った模様選びです。なお、紅葉と桜をとりあわせた模様を雲錦《うんきん》と呼び、春、秋両方の季節で使うことができます。

また、おめでたい器には、結び模様が描かれた「結び」、横縞模様の「独《こ》楽《ま》」、吉祥文字が描かれたものなどがあります。それぞれ縁起のよい器ですので、お正月やお祝いごとに使うとよいでしょう。

一年中使える器では、少し深さがある三平皿《さんぺいざら》(56、152ページに使用)が便利です。お刺身、煮物、揚げ物、とり皿にと、いろいろな用途に使えます。蛸唐草模様などの染付が一般的ですが、色彩豊かな絵のものなど多くの柄があり、江戸時代に作られた時代ものが手に入りやすく魅力のひとつです。

特定の料理専用の器には、本書の松茸の土瓶蒸し(151ページ参照)で使用した土瓶などがあります。土瓶蒸しは、器があってはじめて完成するお料理です。試しにお椀に盛ると、あの土瓶蒸し独自の美味しさが出ないのが不思議です。持っていると秋料理の幅が広がります。

器のほかに、お料理に彩りを添えるのがはらんや笹などの皆敷です。はらんはどの季節でも使え、笹、青かえでは夏に、もみじは秋に、松葉、ゆずり葉は冬に使います。皆敷は料理を引き立たせることができ、脇に添えるか、下に敷きます。皆敷一枚でお料理が一段と映えます。

第四章

ご飯と汁物

鍋でご飯を炊く方法を紹介します。
最後に蒸らす時間には
蓋をあけないように
気をつけましょう。

ご飯

材料（約6膳分）
米…2カップ
水…480㎖（米の2割増し）

作り方

1　米をボウルに入れて水でさっと洗い、水を捨てる。最初の水を米が吸うとぬかくさくなるので手早く行う。(a)(b)

2　手のひらで押して米と米をやさしくすり合わせるようにし、とぐ。この時力を入れすぎると、米が割れるので注意する。(c)

3　30回ほどといだら水を入れ、白濁した水を捨てる。再度、30回ほどといで水を入れ、白濁した水を捨てる。水が透明になるまでくり返す。(d)(e)

4　鍋に3の米、分量の水を入れ、30分おいて水を含ませる。すぐに炊かない場合はザルにあけて水をきっておき、炊く30分前に水につける。(f)

5　鍋に蓋をして強火にかける。時々少し蓋をあけて中の様子を確認し、沸騰したら火を中火にして沸騰させ続ける。(g)

6　水分が減って米の表面がぶつぶついうようになったら弱火にする。(h)

7　米の表面に水分がほぼなくなっていたら強火にする。中からパチパチと乾いた音がしたら10秒間強火を続け、鍋の中の温度を上げ、火を止める。火をつけてからここまで10〜15分。蓋をしたまま10分蒸らし、水分を含ませる。(i)

8　蓋をあけてしゃもじで全体を返す。返すことで上下の水分が均一となり、中に空気が入ってご飯につやが出る。おひつにご飯を移す。おひつがない場合は、蓋と鍋の間に乾いたふきんをはさんでおく。(j)

米を炊く鍋は蓋の重いものがおすすめです。加熱中、内部に圧力がかかり、ふっくらと炊き上がります。
手順3で最初に捨てる白濁した水が、根菜の下ゆでに使う「米のとぎ汁」。

a

b

c

d

e

f

g

h

i

j

とり肉や野菜の煮汁で炊き込みます。
上手に炊き上がるとしっとりとして、
炊きたてはもちろん、冷めても美味しいご飯です。

五目炊き込みご飯

材料（5〜6人分）
とりもも肉…100g　干ししいたけ…3枚
にんじん…40g　ごぼう…40g
油揚げ…1枚　こんにゃく…½枚（150g）
酒…大さじ1　サラダ油…小さじ2
具の煮汁［だし…1と½カップ　砂糖…小さじ2
　　　　しょうゆ…大さじ2と½　酒…大さじ2］
米…2と½カップ　だし…適量

作り方

1 干ししいたけは水にひと晩つけてもどし、薄切りにする。にんじんは3cm長さのせん切りにする。ごぼうは皮をこそげてささがきにし、水にさらす。

2 油揚げは熱湯をまわしかけて油抜きをし、縦半分に切ってから4mm幅の細切りにする。こんにゃくは熱湯でゆでて5mm幅の柱状に切る（小柱切り）。とり肉は小さくそぎ切りにし、酒をふりかける。(a)

3 米はといでザルにあけ、30分ほどおく（99ページ参照）。

4 鍋にサラダ油を熱し、ごぼうを加えて炒め、透明感が出たらにんじん、干ししいたけ、こんにゃくを加えてさらに炒め、油揚げ、とり肉を加えて炒め合わせる。(b)(c)

5 煮汁の材料を加え、中火で5分ほど煮て味を含ませる。(d)

6 5をザルにあけて具と煮汁に分け、煮汁にだしを加えて600mℓにする。(e)(f)

7 鍋は蓋の重いものを用意する。鍋に米を入れて、6の汁を加えて蓋をし、強火にかける。

8 沸騰したら6の具を加え、中火にする。沸騰させ続け、汁が減って表面がぶつぶついうようになったら蓋をする。表面に水気がなくなるまで5分ほど炊く。最後に強火にし、パチパチと乾いた音がしてから10秒後に火を止め、10分蒸らして上下を返す。(g)

a

b

c

d

e

f

g

たいの刺身をごまだれにくぐらせて少なめのご飯にのせ、
熱々のだしをかけていただきます。
たれは煎りたてのごまをしょうゆで調味して、
香りと風味を楽しみます。

たい茶漬け

材料（4人分）
真だいの刺身（7㎜厚さのもの）…20枚
みがきごま（皮をむいたごま）…大さじ3
しょうゆ…大さじ2～3
あたたかいご飯…茶わん4杯分
三つ葉…適量
わさび…適量
だし（熱々のもの）…3カップ

作り方

1 ごまを鍋に入れて中火にかけ、きつね色になるまで煎る。鍋を前後に動かし、ごまを鍋の中でまわしながらムラなく煎り、香りと味を引き出す。(a)
2 ごまをすり鉢に移し、ごまの形がなくなるまでよくする。(b)(c)
3 しょうゆを加えてすりこぎで混ぜてなじませ、ごまだれを作る。(d)
4 真だいの刺身をごまだれに加えてさっと和える。茶わんにご飯を軽くよそい、ごまだれで和えた刺身をのせ、三つ葉、おろしたわさびを添える。熱々のだしをかけていただく。(e)

a

b

c

d

c

すらずに「あたる」ごま

ごまをすることを、「あたる」ともいいます。料理屋さんや関西で多く使われる表現で、「擂《す》る」という音《おん》がお金を掏《す》るなどに通じて縁起が悪いので、「あたる」というようになりました。同様に、すり鉢やすりこぎのことを、あたり鉢、あたり棒と呼びます。

日本の慶事には欠かせない伝承料理で、
赤を神聖な色ととらえる太陽信仰につながります。
ささげのゆで汁を上手に扱って、色よく蒸し上げます。

赤飯

材料（5〜6人分）
もち米…3カップ　ささげ…大さじ4
水…適量　ごま塩（下記参照）…適量
南天の葉…適宜

作り方

1 ささげは洗って鍋に入れ、少しかぶるくらいの水を加えて10分ほど中火にかける。湯が沸き、ゆで汁が赤ワインのような色になったらザルにあけてゆで汁を捨てる。渋さやアクが抜けるので渋切りという。(a)

2 1のささげを水で洗い、鍋に入れる。ささげのおよそ3倍量の水を加えて再び火にかけ、沸いたらささげが静かに踊る火加減にする。ゆで汁に色が出たら湯をきり、その湯（色水）はとっておく。再度ささげを鍋に入れて3倍量の水を注ぎ、ささげが指で潰せるくらいのやわらかさになるまでゆでて水気をきる。(b)

3 2の色水を玉じゃくしで10回ほどすくっては流し入れて空気に触れさせ、澄んだあずき色に発色させる。(c)

4 もち米をといでボウルに入れる。3の色水を注ぎ、水をひたひたになるように足し、ひと晩おく。(d)

5 湯気の出た蒸し器を用意し、ザルに蒸しふきんを敷き、4の汁をきってのせる（汁はとっておく）。その上にささげを広げ、蒸しふきんで包み、蓋をして強火で40分蒸す。(e)(f)

6 途中、10分おきにふきんを開き、蒸しふきんの端を持ち上げながら菜箸で全体を返し、5でとっておいた汁を手でかけては、ムラなく蒸す。(g)(h)

7 器によそい、あれば南天の葉を飾って、ごま塩を添える。

a

b

c

d

e

f

g

h

ささげは皮が破れにくいのできれいに蒸し上がります。
ごま塩の作り方…黒ごま大さじ1を鍋に入れて煎り、火を止めて塩小さじ1を加え、さらさらになるまでさらに煎る。

雑炊は少しのご飯を食べごたえのある一品に仕立てる、
古人の知恵がいきた料理です。昔は「増水」と書きました。
ご飯を一度水で洗うことで、さらさらとした口あたりに仕上がります。

とり雑炊

材料（4人分）
とりささみ…1本　塩…少々
生しいたけ…2枚
にら…5～6本
ご飯…茶わん2杯分
だし…4と$\frac{1}{2}$カップ
だし用調味料
［塩…小さじ1　淡口しょうゆ…小さじ1
酒…大さじ1］
卵…2個
しょうが…10g

作り方

1 ささみは筋を除き（175ページ参照）、薄く塩（分量外）をふる。しいたけは軸を除き、裏側に塩（分量外）をふる。
2 1をグリルにのせて焼く。生しいたけは軽く焼き色がついたら先にとり出し、薄切りにする。ささみは両面をこんがり焼き、熱いうちに菜箸や手で細かくさく。(a)(b)
3 にらは3cm長さに切る。しょうがはすりおろしておく。
4 ご飯はザルに入れて水で洗い、ぬめりをとる。(c)
5 鍋にだしを入れて中火にかけ、ふつふつと泡が立ち始めたらだし用調味料を加え、4のご飯、2のささみ、しいたけを加える。(d)(e)
6 アクをとり、沈んでいるご飯がふくれてきたら3のにらを加える。(f)
7 溶いた卵を流し入れ、蓋をして蒸らす。おろししょうがのしぼり汁を加える。(g)

a

b

c

d

e

f

g

夏の暑気払いに食べたい雑炊

ここで紹介しているとり雑炊は、近茶流では「夏雑炊」と呼びます。たっぷりのにらとささみが美味しさをひきたて、しょうがが体をあたためます。暑気払いや体調がすぐれない時にも、やさしい味でのどを通りやすいのでおすすめです。

粘りのある山いもをすり鉢ですり、空気を含ませながら調味します。
ぷちぷちとした食感の麦ごはんにかけていただきます。

麦とろ

材料（4人分）
山いも（大和いも）…200g
米…1と½カップ
押し麦…½カップ
水…480㎖
割り下［だし…½カップ　しょうゆ…大さじ1と½
　　　　みりん…小さじ1］
溶き卵…½個分
うずらの卵…4個
針海苔（細く切った海苔）…少々
あさつき…少々

a

b

c

d

e

作り方

1　米はとぎ、麦は水洗いし、鍋に合わせる。分量の水を加えて30分おき、炊き上げる（米のとぎ方、炊き方は99ページ参照）。

2　鍋に割り下の材料を合わせてひと煮立ちさせ、冷ます。

3　山いもは端の1〜2㎝を残して皮を薄くむき、皮の部分を持ってすり鉢ですりおろす。すべる場合はふきんなどでつかむとよい。さらにすりこぎで空気を入れるようによくする。(a)(b)

4　溶き卵と2の割り下を少しずつ加え、空気を入れるようにすりのばす。(c)(d)(e)

5　小鉢に4のとろろを等分に盛り、うずらの卵を割り落としてあさつきと針海苔を添える。1の麦飯は茶碗によそう。

6　5のとろろの卵を溶き、茶碗の麦飯に好みの量をかけていただく。

とろろ汁は、加熱はせず「する」のみの料理。ゆえに、すり手の腕が試されます。一番のポイントは、卵を加える前のすり加減。できる限り空気を入れるように意識しましょう。時間がたつとしぼんでしまうので、すりたてをいただきます。

青豆飯《せいとうめし》

春に出まわるえんどう豆（グリーンピース）の、
香りと甘みを楽しむご飯です。献立を126ページで紹介しています。

a

材料（5〜6膳分）

えんどう豆（さやつき）…250g
米…2と½カップ
水…600㎖
塩…小さじ½
錦糸玉子（下記参照）…適量

作り方

1 米はといで分量の水に30分ほどつける。
2 えんどう豆はさやから出す。水2カップに塩大さじ1（ともに分量外）を溶かし、えんどう豆を5分ほどつけて、水気をきる。
3 1を鍋に移して塩を加え、強火にかける。
4 99ページ「ご飯」手順5を参照し、沸騰したらえんどう豆を加え、手順8まで同様に炊き上げる。蒸らしたら、上下を返して豆を空気に触れさせ、発色をよくする。(a)
5 器にご飯をよそい、錦糸玉子をのせる。

錦糸玉子の作り方…卵1個を溶きほぐし、砂糖小さじ1を加えてよく混ぜる。玉子焼き鍋を中火で熱し、サラダ油適量を敷いて卵液を流し、焼き色をつけずに両面を焼き、細かいせん切りにする。

茗荷ずし

甘酢につけて色よく仕上げた茗荷で包んだ、
ひと口で食べられるおすしです。献立を136ページで紹介しています。

材料（12～16個分、すし飯は作りやすい分量）

みょうが…4個
甘酢［酢…50mℓ
砂糖…大さじ2
水…大さじ1　塩…少々］
米…2カップ
水…460mℓ
合わせ酢［米酢…40mℓ
砂糖…大さじ2
塩…小さじ1］
酢取りしょうが（がり）…適量

作り方

1 甘酢の材料は合わせておく。みょうがは、赤い外側を3、4枚はぎ、熱湯で1分ゆでて、甘酢につける。(a)(b)(c)

2 きれいな紅色に発色したら、ふきんではさんでよく水気を吸いとる。

3 米はとぎ、分量の水ですし飯を炊く（99ページ参照）。合わせ酢の調味料をボウルに入れて溶かす。飯台または大きめのボウルに炊きたてのご飯をあけ、合わせ酢を全体にまわしかけて、手早く切るように混ぜ、うちわで表面を冷ます。天地を返して再度冷ます。

4 きつくしぼったさらしを用意し、ひと口大のすし飯をとって形作り、みょうがを1枚かぶせて握る。

5 器に盛り、酢取りしょうがを添える。

a

b

c

家庭ごとになじみの具があるみそ汁。
ここでは火の通りやすい具（豆腐とわかめ）と、
火の通りにくい具（じゃがいもと玉ねぎ）の二種類を紹介します。

豆腐とわかめのみそ汁

材料（4人分）
木綿豆腐…½丁（200g）
わかめ（塩蔵または生）…20g
だし…4カップ　仙台みそ…60〜65g

a

b

作り方

1 豆腐はさいの目に切る。わかめは塩蔵の場合は水にひたして塩を抜く。洗ってサルに入れて熱湯に通し、固い筋の部分があれば除いて食べやすい大きさに切る。
2 だしを鍋に入れて沸かし、みそ漉しを使ってみそを溶き入れる。(a)
3 豆腐を加えてあたため、浮いてきたところでわかめも加えて火を止め、器に盛る。(b)

同様の作り方で、刻んだねぎや油揚げなどを具にしても。

じゃがいもと玉ねぎのみそ汁

材料（4人分）
じゃがいも…1個（150g）　玉ねぎ…½個
だし（常温に冷ましたもの）…4と½カップ
信州みそ…60〜65g

a

b

作り方

1 じゃがいもは皮をむき、ひと口大に切って水につける。玉ねぎは根の部分を切り落とし、くし形に切る。
2 だしを鍋に入れ、じゃがいもを入れて中火にかけ、細串がすっと入るまで煮る。じゃがいもなどの根菜類は芯が残らないように冷めただしから火にかける。(a)
3 玉ねぎを加え、透明感が出るまで火を通す。(b)
4 みそこしを使ってみそを溶き入れ、火を止める。

みその違いによる食べ時｜赤みそは長く煮ると風味がとんでしまうので、ひと煮立ちさせたところで椀によそいます。一方、西京白みそや八丁みそは、少し煮るとうま味が出ます。

身近な具で作るお吸い物。
だしを塩、淡口しょうゆで味をととのえた「本汁《ほんつゆ》」は、
さまざまなお椀の基本となるので、ぜひ覚えておきましょう。

うずら玉子のお椀

材料（4人分）
うずらの卵…8個
生しいたけ…4枚
三つ葉…適量
本汁［だし…4と$\frac{1}{2}$カップ　塩…小さじ1
淡口しょうゆ…小さじ1］
しいたけ下味用［淡口しょうゆ、みりん…各少々］

a

b

c

d

e

作り方

1 うずらの卵は水から10分ゆで、水にとる。まな板の上で、指先で押さえながらころがして殻にひびを入れ、殻をむく。鈍端《どんたん》（丸みの大きいほう）のほうからむくと、薄皮もきれいにむける。(a)(b)
2 生しいたけは軸を切り落として厚めの薄切りにする。熱湯でさっとゆでて水にとる。(c)
3 鍋に本汁のだしを入れて中火にかけ、塩、淡口しょうゆで調味する。(d)
4 本汁からお玉1杯分を別鍋にとり分けてしいたけ下味用の調味料を加え、しいたけをさっと煮る。この下ごしらえでしいたけに味がなじみ、本汁と合わせた時に水っぽくなるのを防ぐ。(e)
5 三つ葉は葉を持って茎を熱湯にさっとくぐらせて茎を水にさらし、結ぶ。
6 器にうずらの卵、しいたけ、結んだ三つ葉を盛り、熱々の本汁をはる。

よいお椀は一生もの

蓋つき椀は、保温できるという利点のほかに、中が見えないことで、まるで舞台の幕が上がるような期待感があります。ここで使用しているのは、すすきやかやの描かれた「武蔵野」という文様で、秋に使用することが多いですが、季節を問わず使用できます。

体のあたたまる根菜たっぷりの、おかずにもなる汁物です。
具材はそれぞれにアク抜きなど下ごしらえをきちんとしてから調理します。

豚汁

材料（4人分）
豚ばら肉…150 g
里いも…2個
ごぼう…$\frac{1}{2}$本（50 g）
にんじん…$\frac{1}{3}$本
れんこん…1節（60 g）
大根…$\frac{1}{4}$本（100 g）
こんにゃく…$\frac{1}{2}$枚（150g）
ごま油…適量
だし…5カップ
赤みそ…80 g
みりん…大さじ1
あさつき…適量

作り方

1 豚肉は3㎝長さに切る。里いもは皮をむいて乱切りにし、みょうばん水（分量外。水400㎖にみょうばん小さじ$\frac{1}{2}$を溶く）に20分つける。ごぼうは皮をこそげて乱切りにし、水につける。にんじん、れんこんは5㎜幅の半月切りにし、れんこんは酢水（190ページ参照、分量外）につける。大根はいちょう切りにする。こんにゃくはスプーンでひと口大にちぎってザルに入れ、熱湯にくぐらせてアクを抜く（霜ふる）。

2 鍋にごま油を熱し、強火で里いも、ごぼう、にんじん、れんこん、大根、こんにゃく、豚肉を順に加えて炒める。(a)

3 すべての具材に油がからみ、つやが出てきたらだしを加える。(b)

4 煮立ったらアクをとって火を弱め、里いもに竹串がすっと刺さるまで煮る。(c)(d)

5 みそ漉しを使って鍋に赤みそを溶かし入れ、5分ほど煮て味をしみ込ませる。(e)

6 みりんを加え、味をととのえ、器に盛る。あさつきを小口切りにして散らす。(f)

a

b

c

d

e

f

潮汁《うしお》は、魚の美味しさを骨から引き出した料理です。
その中でもひれ椀は、ひれを立たせ、美しく盛りつけた、格の高い一椀です。

たいのひれ椀

材料（4人分）
真だいのアラ（頭、ひれ等）…1尾分
うど…6㎝
水…5カップ
昆布…15㎝
つゆ用調味料［淡口しょうゆ…小さじ1
　　塩…小さじ1　酒…大さじ1］
木の芽…4枚

作り方

1 たいのアラは食べやすい大きさに切り分ける。骨が固いので、包丁の根元を使ってたたくように切る。立て塩（188ページ参照、分量外）で洗う。(a)

2 ザルに入れ、薄く塩（分量外）をふって5分おき、熱湯に通す。(b)(c)

3 冷水にとり、皮目を指でなでるようにして残ったうろこや汚れを洗い流す。(d)

4 うどは3㎝長さの短冊切りにして、酢を数滴たらした水（ともに分量外）につける。

5 鍋に3と分量の水と昆布を入れ、中火でアクをすくいながら15分ほど煮てうま味を出す。(e)

6 味を確認してうま味が出ていたらつゆ用調味料を加え、水気をきった4のうどを加えてさっと火を通す。

7 お椀に6の具を盛り、熱い汁をはって木の芽を添える。

「アラ」は、頭や骨などの部位をさします。たいは一尾が手に入ったら、おろすことから挑戦してみましょう。おろし方は184ページで紹介しています。

a

b

c

d

e

ぬか漬け

乳酸菌の力で野菜にうま味をつける漬け物です。

材料（作りやすい分量）
生ぬか…2kg
食塩水［水…2ℓ　塩…400g］
野菜の皮や切れ端（キャベツ、にんじん等）…適量
好みの野菜（なす、きゅうり、にんじん等）…適量

作り方

1 鍋に食塩水の材料を入れて中火にかけ、塩を完全に溶かして火からおろし、冷ます。(a)
2 広い台に新聞紙を広げておく。生ぬか1kgを鍋に入れて中火にかけ、焦がさないように混ぜながら香ばしく煎る。殺菌の目的もある。香りが出てぬか全体が熱くなったら新聞紙の上に広げる。(b)
3 へらでぬかの表面を凸凹にし、冷ます。手で触れるくらいに冷めたら残りの生ぬかを加え、手でよく混ぜる。生ぬかを混ぜるのは、生ぬかがもつ菌が適度にあるほうが発酵しやすいため。(c)(d)
4 3を保存容器（ほうろう製など）に移して1の塩水を加え、よく混ぜる。(e)(f)
5 捨て漬けする。表面をならして野菜の皮や切れ端を埋める。とり出しやすいよう、頭は出しておく。蓋をして常温でひと晩おく。冷蔵庫に入れてもよいが、乳酸菌が活動しにくくなる。(g)
6 5の野菜をとり出し、新しい野菜の皮等を漬ける。これを7日ほど続け、ぬか床の乳酸菌を増やす。

a

f

b

g

c

h

d

i

e

j

7 本漬けする。好みの野菜を塩ずり（187ページ参照）し、頭を少し出してぬか床に埋める。内側の側面についたぬかはきれいにふき、常に清潔にする。蓋をして常温で漬ける。夏は5～6時間、冬は7～8時間が目安。(h)(i)
8 野菜のぬかを水で流し、切り分けて器に盛る。(j)

本漬けの始まりはまだ塩なれが十分ではなく、漬け続けているうちになじんできます。

らっきょうの甘酢漬け

6月頃に出まわるらっきょう。漬けておくと一年中楽しめます。

材料（作りやすい分量）
らっきょう…1kg
食塩水［水…1ℓ　塩…300 g］
甘酢［米酢…500mℓ　砂糖…200g　塩…小さじ½
　水…100mℓ］
赤唐辛子…2本

作り方

1 鍋に食塩水の材料を入れて中火にかけ、塩を完全に溶かして火からおろし、冷ます。

2 らっきょうをひとつひとつばらし、流水でもみ洗いして外側の泥がついた皮をはがす。(a)(b)

3 2のらっきょうをボウルに入れ、かぶるくらいに熱湯をまわしかける。30秒おいて湯をきり、保存容器（密閉できるもの）に移す。(c)(d)

4 1の食塩水を3の容器に注ぎ、蓋をしてふり、全体に塩水をまわす。涼しい場所に2週間ほどおく。この間、1日1回容器をふる。(e)(f)

5 らっきょうをとり出してボウルに移し、かぶるくらいに水を注いで半日〜1日塩抜きする。かじってみて、好みの塩加減になればよい。

6 らっきょうの頭と根を切り落とし、ボウルに移す。ボウルに水を注ぎ、らっきょうをこすり合わせて皮をきれいにとる。水気をきる。(g)(h)

a

b

c

d

e

f

g

h

i

j

7 鍋に甘酢の材料を合わせて中火にかけ、砂糖を溶かし、火からおろして冷ます。赤唐辛子は種を除く。

8 保存容器に6のらっきょうを入れて赤唐辛子をのせ、甘酢を注ぎ、蓋をして漬ける。翌日から食べられるが、1週間ほどおくと味がなじむ。暗く涼しい場所で保存する。(i)(j)

梅干し

お弁当にも重宝する梅干し。ここではひと口サイズのものを保存袋を使って漬けました。

a

b

c

d

e

f

g

材料（作りやすい分量）
梅（中サイズ）…2kg
粗塩（梅用）…340g
赤じそ…250g
粗塩（赤じそ用）…42g

作り方

1 梅を選別する。黄みがかって少し赤くなるくらいのものがよく、写真a左のように青いものが多い時は黄くなるまでおき、追熟する。

2 雑菌の集まりやすいヘタは竹串でとる。(b)

3 2の梅を1kgずつ分けてボウルに入れて流水で洗う。皮がやわらかいので傷つけないように気をつけ、うぶ毛にからんだ空気がとれるように全体を返す。ザルにあけて水気をきる。梅の種類によってはこの塩分濃度（17%）だと菌が増えることがあるので、気になる場合はふきんで水気をふきとる。(c)(d)

4 3の梅をボウルに移し、粗塩の半量を加える。全体にまぶすように底から大きく混ぜ、保存袋（密閉できるもの）に移す。ボウルに残った塩もすべて入れる。残りの1kgの梅も同様に塩をまぶして保存袋に入れる。(e)(f)

5 梅の入った袋を平らにならし、重ねる。上にのせた梅が重しになり、下の梅から水分（梅酢）が出やすくなる。常温で1週間ほどおく。その間、毎日梅の上下を替える。(g)

6 1週間前後で、梅がひたるほどの梅酢が出る。(h)

小さく皮のやわらかな梅はこのままでも食べられます。

7 赤じそに漬ける。赤じその茎を外してよく水洗いし、しぼって水気をきる。ボウルに入れて粗塩の半量を加え、よくもんでアクを出す。強くしぼり、色水を捨てる。(i)(j)(k)

8 7の赤じそに残りの粗塩を加え、同様にもみ、水気をしっかりしぼる。(l)(m)

9 8の赤じそに6の梅酢を1袋分加え、よくもんで色を出す。赤じそにもう1袋分の梅酢を加えて汁全体の色が均一になるようもみ、赤じそを半量ずつ梅の入った保存袋に入れる。汁も半量ずつ入れる。常温で1週間漬ける。(n)(o)(p)

10 天気のよい日を見はからい、梅干しを干す。梅をとり出して水気をきり、平たいザルに重ならないように並べる。赤じそと梅酢はほうろう等の保存容器に移し、暗く涼しい場所で保存する。天日に干し、足かけ3日間干す。この間、毎日梅の上下を返す。

11 梅干しを干し始めて2日後に、赤じそを干す。10の赤じその水気をよくきり、乾きやすいようほぐして別の平らなザルに広げる。

12 梅干しをほうろう等保存容器に移し、11の赤じそをかぶせるようにのせる。10の梅酢をひたひたよりも少なめに注ぐ。

梅干しは梅酢が出た時点から食べられます。梅自体の漬けたてのよい香りが広がり、赤じそに漬けることで鮮やかな赤色となり、さらに天日に干すことで食べた時の実ばなれがよくなります。

h

m

i

n

j

o

k

p

l

季節の手仕事カレンダー

季節の手仕事には、一年に一回の楽しさがあります。時間と手間を惜しみなくかけて、「育てる」楽しさを実感しましょう。

初夏(5、6月)は漬け物をはじめるのによい季節です。5月は、ぬか漬け(120ページ参照)に最適の時期です。暖かくなってくると、ぬか床の乳酸菌などをはじめとするさまざまな菌が活動しやすくなるためです。ぬか漬けはその時その時のご機嫌があるので、毎日かきまわして空気を入れましょう。また、ぬか床の状態、感触などを手で感じて接していきましょう。6月は梅干し(122ページ参照)、らっきょう(121ページ参照)などを漬けましょう。梅干しは、はじめての場合は1kgからでもよいのです。ぜひ、取り組んでほしい手仕事です。

6、7月には実山椒も出まわります。実山椒の小枝をひとつずつとり除き、塩を加えた熱湯でゆでてアク抜きします。それを佃煮や塩漬けにしておくと、じゃこの有馬煮や煮魚にも使え、重宝します。

秋に入ると栗の渋皮煮を作りましょう。渋皮を破かないように丁寧に栗の外側の鬼皮をむき、ゆで汁を何度も替えてアクをとりながら煮ていきます。

年末、おせちに入れる黒豆を煮るのも手仕事のひとつです。来年も「まめに健康で働けますように」と幸せを願いながら、時間をかけてことことと炊いていきましょう。

ぬか漬けや梅干しなどの手仕事では飽き足らないという方には、みそづくりをおすすめします。みそはいつでも始めることができますが、おすすめは冬の寒仕込みです。みそはできあがるのに一年程度かかります。大豆をゆでて粗くすり潰し、塩と麹をすり合わせたものと混ぜて、寝かせます。夏を越えると色が進み段々と香り高くなってきます。

手仕事は、毎年作るごとに違った味わいを楽しむことができます。手仕事からできたお料理を囲み、今年のできばえについて家族で語らい、絆を深めるのもよいですね。

第五章

季節の献立と一品

春｜の｜献｜立

海と山からの、春の味覚を集めた献立です。
たけのこや山菜は丁寧にアクを除いて調理しましょう。
この季節ならではの生命の息吹を感じつつ、舌でも喜びたいものです。

青《せい》豆《とう》飯《めし》（110ページ参照）

ほたるいかと山菜の辛子酢みそ和え

たいの昆布じめ　若竹煮

ほたるいかと山菜の辛子酢みそ和え

材料（4人分）
ほたるいか（ボイル）…12杯
わらび…4本　たらの芽…4本　うど…6cm
辛子酢みそ［西京みそ…70g　砂糖…小さじ2
　酢…大さじ2　卵黄…1個分
　水辛子（191ページ参照）…小さじ1］

a

b

c

作り方

1　ほたるいかは目、口、甲を骨抜きでとり、足の長さを切りそろえる。少量の酢と塩（ともに分量外）を加えた熱湯でさっとゆで、ザルにあける。(a)(b)(c)

2　わらびは少量の重曹（分量外）を入れた熱湯（水600mℓに重曹みみかき1杯ぐらい）でゆでる。軸を指先ではさんで潰れる程度の固さになったら水にとる。

3　たらの芽は変色したガクを除き、塩少々（分量外）を加えた熱湯でゆでてザルにとり、淡口しょうゆ少々（分量外）をかけ、水気をきる。

4　うどは皮をむき、縦6等分に切って薄い酢水（分量外）につける。

5　小鍋に辛子酢みその西京みそ、砂糖、酢大さじ1を入れて弱火にかけて練る。つやが出たら残りの酢大さじ1を加えて再びつやが出るまで練り、火からおろして卵黄を加えて混ぜる。冷めたら水辛子を加えて混ぜ合わせる。

6　器に5を敷き、その上にほたるいかと山菜を盛りつける。全体を和えていただく。

たいの昆布じめ

材料（4人分）
真だい…1サク
昆布（平らで幅の広いもの／20cm）…1枚
赤貝…2個　みょうが…1個　防風…4本
わさび…適量

a

b

c

d

作り方

1　昆布は水を全体にかけてもどす。水気をふき、バットに敷いて全体に薄塩（187ページ参照、分量外）をふる。(a)

2　たいは約8mm厚さのそぎ切りにする。1の昆布の半分にたいを隙間なく並べ、薄塩（分量外）をする。幅がせまい昆布を使う場合は2枚用意し、1枚にたいを並べる。(b)(c)

3　たいを並べていない部分の昆布をたたんでかぶせる。幅がせまい昆布を使う場合はもう1枚の昆布を重ねる。冷蔵庫で約2時間しめる（おく）。(d)

4　赤貝は、身とひもの部分を分け、身は縦半分に切って内臓をとり除き、ひもとともに立て塩（188ページ参照、分量外）で洗い、水気をふく。

5　みょうがは細切りにする。防風は軸を少し残して切り落とす。わさびはすりおろす。

6　3のたいを昆布から外して器に重ねて盛り、4の赤貝、5のツマを添える。

若竹煮

材料（4人分）
たけのこ…1本（皮つき700～800gのもの）
たけのこ下ゆで用の材料
［米ぬか…ひとつかみ　赤唐辛子…1本］
わかめ（塩蔵）…50g
煮汁
［だし…2カップ　砂糖…大さじ2
　淡口しょうゆ…大さじ2と½　酒…大さじ1］
木の芽…8枚

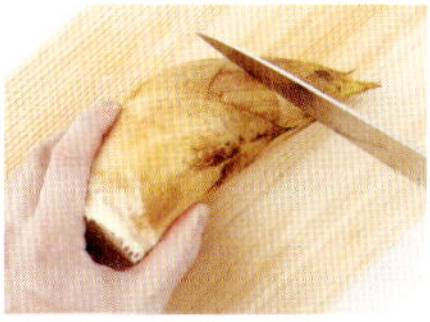

a

b

c

d

e

f

g

h

たけのこの下ゆで

1 たけのこを下ゆでする。たけのこは穂先を斜めに切り落とす。中の身に届くか届かないか程度のところまで、縦に切り込みを入れ、火を通しやすくする。余分な皮を2、3枚むく。(a)(b)(c)

2 鍋にたけのことたっぷりの水（分量外）、下ゆで用の米ぬかと赤唐辛子を入れて落とし蓋をし、強火にかける。(d)

3 沸騰したらふきこぼれない程度の火を保ち約40分、細串が刺さる固さになるまで落とし蓋をしてゆでる。(e)

4 火を止めて煮汁につけたまま冷ます（湯止め）。煮汁が冷めたらたけのこを洗い、水にひたす。すぐに使わない場合は、水にひたしたまま冷蔵庫で保存する。毎日水を替えて1週間程度で使いきる。(f)

作り方

1 たけのこは下ゆでした際の包丁目に沿って縦半分に切る。穂先を残して皮をむき、穂先から7cmほどは縦のくし形に切り、根に近いほうは1cm幅のいちょう切りにする。

2 たけのこをザルに入れて熱湯で1分ほど霜ふり、余分な水分を抜いて味を入りやすくする。(g)

3 わかめは水でもどしてザルに入れ、さっと熱湯に通す。筋を除き、5cm長さに切る。

4 鍋に煮汁の材料を合わせて、2のたけのこを入れて5分ほど煮る。たけのこに味が入ったら、3のわかめを加えて1分ほど煮る。(h)

5 器に4のたけのことわかめを盛り、汁を注いで木の芽を上に飾る（天盛り）。

下ゆでしたたけのこに、かつお節を加えた煮汁で味を含ませ、
仕上げにもう一度かつお節をまぶしてうま味を添えます。

たけのこの地がつお

材料（4人分）

たけのこ…1本（皮つき700～800gのもの）

たけのこ下ゆで用の材料

［米ぬか…ひとつかみ　赤唐辛子…1本］

菜の花…½束

削り節…30g

たけのこ用煮汁

［だし…3カップ　砂糖…大さじ2　塩…小さじ⅔

淡口しょうゆ…大さじ2　酒…大さじ2

みりん…大さじ1と½］

菜の花用煮汁

［だし…½カップ　塩…小さじ½

みりん…大さじ1　淡口しょうゆ…小さじ2］

木の芽…適量

a

b

c

作り方

1　たけのこは下ゆでする（129ページ参照）。縦半分に切り、穂先を残して皮をむく。穂先のほうは縦8cm長さのくし形に切り、根に近いほうは1.5cm厚さのいちょう切りにし、ザルに入れて1分ほど熱湯に通す。(a)

2　水気のない鍋に削り節を入れ、焦がさないように手でにぎってすぐに砕けるまでから煎りする。(b)

3　2をさらしに包んでもみ、粉状にする（粉節《こぶし》）。(c)

4　鍋にたけのこ用煮汁を入れて中火にかけ、1のたけのこと3の粉節を半量入れて約7分煮て、味を含ませる。

5　菜の花は塩ひとつまみ（分量外）を入れた熱湯で色よくゆで、水にさらしてから軽く水気をしぼる。鍋に菜の花用煮汁を入れて中火にかけ、煮立ったら菜の花を入れて火を止める。汁気をきり、食べやすい長さに切る。

6　4のたけのこに3の残りの粉節をまぶして器に盛る。5の菜の花を添え、木の芽を上に飾る（天盛り）。

桃の節句

3月3日は桃の節句。
女の子の健やかな成長を願い、料理を作ります。
ぜひいただきたいのがちらし寿司とはまぐりの吸い物。
ちらし寿司は、具材を同じ煮汁で順に煮る「追い込みちらし」です。

追い込みちらし
ほたてと春野菜のごま酢和え
はまぐりの潮《うしお》汁　いちごあんみつ

追い込みちらし

材料（5～6人分）

米…3カップ（600mℓ）　水…690mℓ

干ししいたけ…4～5枚

油揚げ…3枚　にんじん…4cm長さのもの150g

煮汁［だし…1カップ　砂糖…大さじ2
しょうゆ…大さじ4］

煮汁用調味料1［砂糖…大さじ1　しょうゆ…大さじ1］

煮汁用調味料2［砂糖…大さじ4　しょうゆ…大さじ1］

合わせ酢［米酢…大さじ4　淡口しょうゆ…小さじ1と$\frac{1}{2}$］

れんこん…80g

れんこん用甘酢［米酢…$\frac{1}{4}$カップ　砂糖…大さじ1と$\frac{1}{2}$　塩…小さじ$\frac{1}{4}$］

薄焼き玉子［卵…2個　砂糖…小さじ2］

絹さや…60g　紅しょうが…60g　焼き海苔…1枚

作り方

1 米はといで分量の水で炊き上げる（炊き方は99ページ参照）。

2 干ししいたけは水でひと晩もどして軸をとり薄切りにする。油揚げは熱湯をかけて油抜きし、縦半分に切って5mmのせん切りにする。にんじんはせん切りにする。

3 鍋に煮汁の材料とにんじんを入れて中火にかける。煮立ったらアクをとり、煮汁がふつふつするくらいの火加減で煮る。にんじんがしんなりして味が入ったらザルにあけ、にんじんと煮汁を分ける。(a)

4 鍋に3の煮汁をもどして煮汁用調味料1と合わせ、干ししいたけを加え、落とし蓋をして煮含める。味が入ったらにんじんと同様ザルにあけ、煮汁と分ける。(b)

5 4の煮汁を鍋にもどして煮汁用調味料2と合わせ、油揚げを加えて煮る。油揚げが煮汁を吸い、2分ほど煮たら同様にザルにとる。このように同じ煮汁で具を次々に煮て、それぞれの素材に丁度よく火を通し、前に煮た素材のうま味を含ませることを「追い込み煮」という。(c)

6 ご飯が炊けたら10分蒸らし、飯台にとる。合わせ酢の調味料を混ぜ合わせ、ご飯が熱々のうちにしゃもじにあてながらまわしかけ、切るようにして混ぜる。5のにんじん、干ししいたけ、油揚げを加え、混ぜ合わせる。(d)(e)

7 うちわであおいで冷まし、表面が冷めたら混ぜ、再びあおいで冷ます。冷ますことでご飯の粘つきが防げ、つやも出る。(f)

8 れんこん用甘酢の調味料をひと煮立ちさせて冷ます。れんこんは薄いいちょう切りにして、酢水（190ページ参照、分量外）にさらし、酢水につけたまま中火にかけてゆで、透明感が出たら水気をきり、熱いうちに甘酢につける。卵は溶きほぐして砂糖を加えて混ぜ、薄焼き玉子（110ページ参照）を2枚作り、細切りにする（錦糸玉子）。絹さやは色よくゆでてせん切りにする。海苔はあぶってもむ（もみ海苔）。

9 皿に7のすしを盛り、れんこん、絹さや、錦糸玉子、紅しょうがを彩りよく広げ、もんだ海苔を散らす。

a

b

c

d

e

f

ほたてと春野菜のごま酢和え

材料(4人分)
ほたて貝柱(刺身用)…4個
とり貝(ゆでたもの)…4枚
うるい…2本　にんじん…40g
しょうが…15g　白ごま…小さじ2
甘酢[米酢…大さじ3　砂糖…大さじ2
　塩…少々　だし…大さじ1]

作り方

1 鍋に甘酢の材料を合わせて中火にかけ、砂糖が溶けたら火からおろし、冷ます。
2 ごまは鍋に入れ、中火できつね色になるまで煎る。
3 ほたては立て塩(188ページ参照、分量外)で洗い、さいの目に切り、1の甘酢を少しかけてからめる。とり貝は薄く塩(分量外)をふって直火でさっとあぶり、縦半分に切る。
4 うるいは食感が残る程度にさっと塩ゆで(分量外)して水にとり、3cm長さに切る。にんじんはせん切りにする。
5 器に3のほたてを盛り、とり貝、4の野菜を重ねるように盛りつけ、残りの甘酢をかけてごまをふる。2cm長さのせん切りにしたしょうがを上に盛る(天盛り)。

はまぐりの潮《うしお》汁

材料(4人分)
はまぐり…8個　菜の花…4本
水…4と½カップ　昆布…15cm
塩…小さじ1弱　酒…大さじ1
淡口しょうゆ、みりん…各数滴　木の芽…4枚

作り方

1 菜の花は水につけてしゃきっとさせ、塩をひとつまみ(分量外)を入れた熱湯でゆで、水にとって冷まし、水気をきる。
2 はまぐりはこすり合わせながら流水で洗う(175ページ参照)。水、昆布とともに鍋に入れて中火にかけ、はまぐりが開いたらふきんで漉す。漉した汁を中火にかけ、沸いたら塩と酒で味をととのえる。
3 小さい鍋にお玉1杯の2をとり分け、淡口しょうゆ、みりんを加える。1の菜の花を入れ、下味をつける。
4 お椀に2のはまぐりと3の菜の花を入れ、熱々の2の汁を注ぎ、木の芽を添える。

いちごあんみつ

材料(4人分)
いちご…4粒　あん(市販品)…150g
棒寒天…½本(5g)　水…1と½カップ
酢…小さじ1
黒蜜[黒砂糖…160g　三温糖…110g
　水…1と½カップ]

作り方

1 寒天は水(分量外)に1時間ほどつけて細かくちぎり、鍋に分量の水、酢とともに入れて中火にかけ、煮溶かす。漉し器で漉しながらバットなどに流し入れ、冷蔵庫で冷やし固める。
2 鍋に黒蜜の材料を入れ、中火にかける。砂糖が溶けたら、ふきこぼれない程度の火で浮いてくるアクをとりながら、とろみが出るまで煮詰め、冷ます。
3 いちごは縦4等分に切る。
4 1の寒天を1cm角に切って器に盛り、3のいちごとあんをのせ、2の黒蜜をかける。

夏の献立

初夏の風物詩のかつおを、たたきとすり流しにしました。
すり流しは生のかつおでだしをひくみそ汁です。
口代わり（酒の肴《さかな》）は、旬の走りと盛りの食材を合わせて。
川の流れのように盛りつけた滝川豆腐で涼を呼びます。

かつおの皿鉢《さわち》造り　かつおのすり流し

口代わり三種（かつおの辛子揚げ、新甘藷《しんかんしょ》の含め煮、枝豆の塩ゆで）

滝川豆腐　茗荷ずし（111ページ参照）

かつおの皿鉢《さわち》造り

材料（4人分）
かつお…半身（2サク）　みょうが…3個
トマト…1個　きゅうり…$\frac{1}{2}$本
にんにく…1片　花丸きゅうり…4本
防風…4本　紫芽…少々　赤芽…少々
二杯酢［しょうゆ、米酢…同量ずつ］

作り方

1 かつおは血合を少し残してとり除き、両端を切り落とす（端はすり流しや口代わりの辛子揚げに使う）。皮目を下にして置き、皮と身の境目に3本の金串を扇形に打つ。これを「扇串」と呼び、中央、左、右の順が打ちやすい。(a)(b)
2 かつおを強火の直火で皮目からできるだけ火の近くにかざして焼き霜にする。皮の下の脂にくせがあるので焼き色がつく程度に強めに焼く。身側は白くなる程度にさっと焼く。冷水にとり、金串を抜く。(c)(d)
3 かつおの水気をふきんでふきとり、皮目を上にしてまな板に置き、8〜9㎜幅の平造り（45ページ参照）にする。皿に、皮目を上にして盛りつける。
4 みょうがは半分に切り、芯をとってせん切りにする。トマトはくし形に切り、きゅうりは塩ずり（187ページ参照、分量外）して乱切り、にんにくは皮をむいて薄切りにする。二杯酢の材料は合わせる。
5 3のかつおに4の薬味、花丸きゅうり、防風、紫芽、赤芽をあしらい、二杯酢でいただく。

a

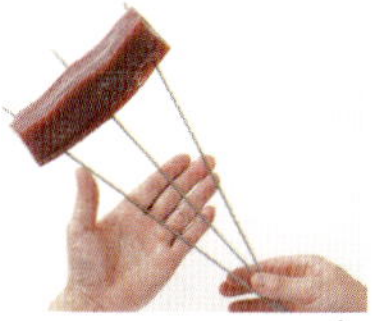

b

c

d

かつおのすり流し

材料（4人分）
かつおの落とし身（サクの端などの部分）…100g
木綿豆腐…$\frac{1}{2}$丁　長ねぎ…$\frac{1}{4}$本
水…4と$\frac{1}{2}$カップ　昆布…15㎝
仙台みそ…75g　粉山椒…適宜

作り方

1 かつおの落とし身をまな板にのせ、皮をとってから包丁でよくたたき、すり鉢に入れてよくすり潰す。
2 豆腐はさいの目に切る。長ねぎは4㎝長さの馬簾《ばれん》切り（179ページ参照）にする。
3 鍋に分量の水と昆布を入れて中火にかけ、沸騰したところで昆布をとり出す。熱々の汁を1に少しずつ加えながらすり混ぜ、赤い身が白くなるよう、なるべく早く火を入れる。くさみが出ないよう手早く全量を注ぎきる。(a)(b)
4 鍋に3を入れて中火にかけ、沸いたら一度アクをとり、みそをみそ漉しに入れて溶き入れる。
5 2の豆腐を入れた椀に熱々の1をはり、2のねぎを入れ、好みで粉山椒をふる。

a

b

口代わり三種

材料（3〜4人分）

かつおの辛子揚げ

かつお（端の身でもよい）…100g

つけ地［しょうゆ…大さじ1　みりん…大さじ1

酒…大さじ1　練り辛子…小さじ½］

かたくり粉…適量　揚げ油（サラダ油）…適量

新甘藷《しんかんしょ》の含め煮

さつまいも（細いもの）…1本

みょうばん…小さじ½　くちなしの実…2個

甘露だし［だし…½カップ　砂糖…70g

塩…小さじ¼　はちみつ…小さじ2］

枝豆の塩ゆで

枝豆…300g　塩…適量

作り方

1 かつおの辛子揚げを作る。つけ地の材料を合わせ、かつおを7〜8㎜の薄切りにしてつけ、10分おく。揚げ油を180℃に熱し（かたくり粉を入れてすぐに散るのが目安）、かつおにかたくり粉をまぶしてさっくりと揚げる。

2 新甘藷の含め煮を作る。さつまいもは1㎝厚さの輪切りにする。鍋にさつまいも、かぶる程度の水（分量外）、みょうばんを入れて混ぜ、20分おいてから強火にかける。沸いたらザルにあけ、黒くなっている部分があれば除く。

3 鍋に新しくかぶる程度の水（分量外）と半分に切ったくちなしの実を入れ、2のさつまいもを入れて強火にかける。沸いたらことことする火加減で、細串が入るくらいやわらかくなるまで10分ほど煮てザルにあける。

4 鍋に甘露だしの材料を合わせ、中火にかける。砂糖が溶けたら3のさつまいもを入れ、紙蓋（187ページ参照）をしてことことする火加減で10分ほど煮含め、そのまま冷ます。

5 枝豆をゆでる。枝豆はすり鉢に入れて塩をふり、鉢の内側にこすりつけるように混ぜて毛をとり、沸騰したたっぷりの湯で5分ほどゆで、ザルにあけてうちわで冷ます。

6 1、4、5を器に盛り合わせる。

滝川豆腐

材料（4人分）

木綿豆腐…½丁（170g）

棒寒天…½本（5g）

水…180㎖

かけ汁［だし…100㎖

淡口しょうゆ…大さじ1と½

砂糖…小さじ1　みりん…大さじ½］

しょうが…15g

大葉…2枚

じゅんさい…大さじ3

作り方

1 寒天は水（分量外）に1時間ほどつけて細かくちぎり、分量の水とともに鍋に入れて中火にかけ、しっかりと煮溶かす。

2 豆腐を裏漉ししてボウルに入れる。1を、目の細かいザルに通してダマを除き、豆腐と合わせる。固まりやすいので熱いうちに流し缶に入れて、氷水で冷ます。

3 かけ汁のすべての調味料を鍋に合わせて中火にかけ、沸いたら火からおろし、冷ます。

4 しょうがは皮をむき、すりおろす。大葉はせん切りにしてふきんで包み流水で洗う。じゅんさいは熱湯にさっと通して水にとる。

5 2がしっかりと固まったら流し缶からとり出し、包丁で細切りにして、滝の流れのように盛りつけ、4の薬味をのせ、3のかけ汁をはっていただく。

夏の到来を告げるあゆを、シンプルな塩焼きに。
短い金串と、シリコーン加工されたアルミホイルで、
家庭でより手軽に美味しく焼き魚を楽しめます。
ぜひ焼きたてをお召しあがりください。

鮎の姿焼き

材料（4人分）

あゆ…4尾　塩…適量

たで…適量

二杯酢

［酢…大さじ3　淡口しょうゆ…小さじ1］

作り方

1　あゆは流水で洗いながら、腹を押さえて肛門に向かってしごき、フンを出す。(a)

2　のぼり串を打つ。一番のポイントは、表身（頭を左にし、腹側を手前にしておいた時に見える部分）には串を出さず、裏身（頭を右にし、腹側を手前にしておいた時に見える部分）にだけ串が出るように打つこと。右目から串を打ち、写真のように裏身の黄色い斑点（追い星）から串先を1㎝ほど出す。さらにあゆを90度曲げて出した串先を刺し、表身から出ないぎりぎりまで刺し込み、あゆが川を上っているような形にし、尾びれの後ろから串を出す。(b)(c)(d)

3　尾びれや胸びれが焼け焦げないよう、化粧塩（187ページ参照）をする。(e)

4　グリルにホイルを敷き、尾を手前にして並べ、中火で8分ほど焼く。片面焼きグリルの場合は表身から焼き、きれいな焼き色がついたら裏返して裏身も同様に焼く。(f)

5　たでは葉をとり、みじん切りにする。二杯酢の材料を合わせてたでを加え、たで酢にする。

6　器にあゆを盛る。5のたで酢を別の器にはって添える。

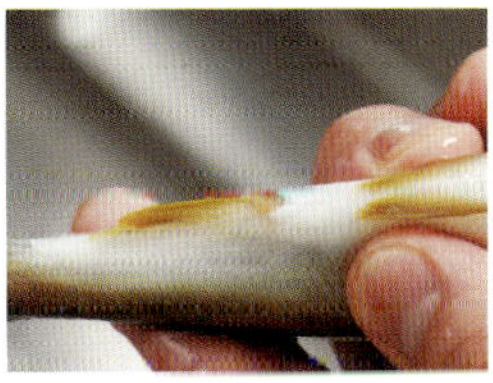

a

b

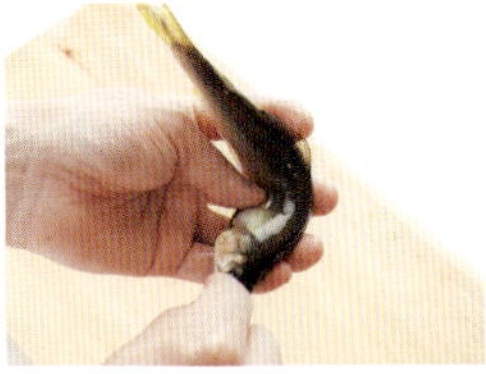

c

d

e

f

香り高き日本古来の魚

アユは「香魚」とも書き、すいかのような香りをもつ魚です。関東では6月前後に解禁となり、11月頃までが漁期。夏はたで酢を添えた塩焼き、子を持つ秋はみそ田楽にと、季節に合わせた料理を楽しみます。

夏に脂ののるあなご。
お寿司屋さんで食べるだけの食材ではなく、
開いたあなごを求めれば、
料理の幅が広がります。

あなごの源平《げんぺい》仕立て

材料（4人分）
あなご（おろしたもの）…4本
煮あなごの煮汁
［だし…2カップ　酒…大さじ1
砂糖…大さじ2　しょうゆ…大さじ2と½
みりん…大さじ1］
詰め用の調味料［砂糖…大さじ2
しょうゆ…大さじ1と½　みりん…大さじ1］
粉山椒…適宜
焼きあなご用［塩…適量　わさび、青柚子…各適量］

作り方

1　あなごを切る。煮あなご用の2本は4〜5㎝長さに切る。焼きあなご用の2本は半分の長さに切る。尾の部分は縮むので長めに切る。(a)

2　煮あなごを作る。鍋に1のあなご、煮汁用のだし、酒を入れて火にかけ、落とし蓋をして中火でアクをとりながら15分煮る。(b)(c)(d)

3　あなごがやわらかくなったら砂糖を加え3分ほど煮て、しょうゆ、みりんを加え、再び落とし蓋をしてさらに5分、あなごに色がしみるまで煮る。(e)

4　3の残りの煮汁½カップを別鍋にとり分け、詰め用の調味料を加え、煮詰める。粘りが出るので、ふきこぼれに注意する。器に盛り、詰めをぬる。好みで粉山椒をふる。(f)

5　焼きあなごを作る。1のあなごを1本分ずつ並べ、金串を皮のすぐ上を通るように等間隔に3本打つ。左手で軽く身を押さえ、串を前後に動かしながら少しずつ進めると打ちやすい。(g)

6　5に塩をふる。片方の手のひら（写真では左手）に塩をあてながらまんべんなくふる。(h)

7　グリルの焼き網にホイルを敷いてあなごをのせ、焼き目がつくまで焼く。器に盛り、わさびを添え、おろし金ですった青柚子をふる。

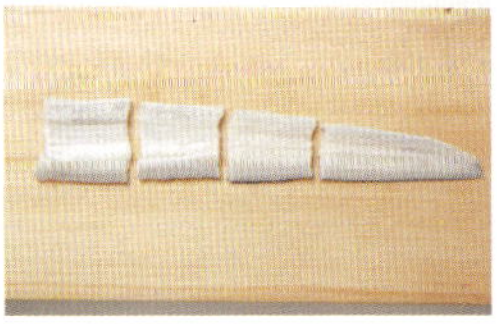
a

b

c

d

e

f

g

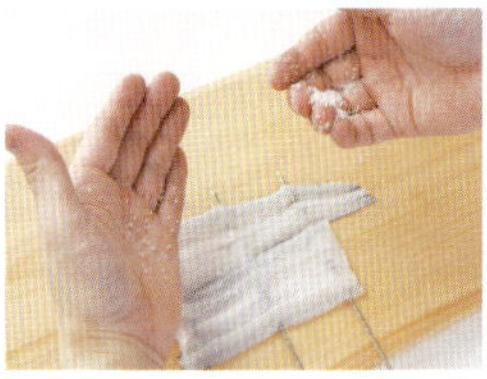
h

冬瓜を色よく煮て、具だくさんのあんをとろりとかけます。
冷たく仕上げても美味しくいただけます。
冬瓜は飾り包丁と隠し包丁を入れて食べやすくします。

冬瓜《とうがん》の海老あんかけ

材料（4人分）

とうがん（4㎝×3㎝）…4切れ　車海老…4尾

生しいたけ…2枚　さやいんげん…4本　塩…適量

煮汁［だし…3カップ　塩…小さじ$\frac{1}{2}$

　　淡口しょうゆ…小さじ1　みりん…大さじ1］

海老あん用調味料

［みりん…小さじ$\frac{2}{3}$　淡口しょうゆ…小さじ$\frac{2}{3}$］

かたくり粉…小さじ2　長ねぎ…4㎝

しょうが…20g

作り方

1 とうがんは種とわたを切り落とし、皮を薄くむく。皮目に斜めに格子状の切り目を入れ、白いほうに半分ほどの深さに十字の隠し包丁（187ページ参照）を入れる。(a)(b)(c)

2 鍋に米のとぎ汁（分量外）と皮目を下にしてとうがんを入れ、色よくゆでるためにさらしをかぶせてことことする火加減でゆでる。細串がすっと刺さるようになったら、水に30分さらしてアクを抜く。(d)(e)

3 車海老は頭と背わたをとり（175ページ参照）、水100㎖、酒大さじ1、塩小さじ$\frac{1}{2}$（すべて分量外）を沸かした鍋で色よくゆで、氷水にとる。(f)

4 3は殻をむいて、尾を切り落とし、1㎝長さに切る。生しいたけは軸をとり、さいの目に切って熱湯でさっとゆでる。さやいんげんは塩ゆでし、1㎝長さに切る。

5 鍋に煮汁の材料を合わせ、2のとうがんを皮目を上にして並べ入れ、ふきんをかぶせて火にかけ、弱火で5分ほど煮含める。(g)

6 別鍋に5のとうがんの煮汁1カップと海老あん用調味料を合わせて中火にかける。煮立ったら4の海老、しいたけ、さやいんげんを加え、再び煮立ったらかたくり粉を同量の水（分量外）で溶いて加え、とろみをつける。(h)

7 長ねぎは2㎝長さに切ってせん切りにし、水にさらして白髪ねぎにする（177ページ参照）。

8 器に5のとうがんを盛り、6をかけ、しょうがのしぼり汁を数滴落とし、白髪ねぎを上に飾る（天盛り）。

a

b

c

d

e

f

g

h

ある食材に、ほかの食材を詰めたり、はさんだりすることを
「射《い》込《こ》む」と呼びます。
素麺を小川の流れのように盛り、涼を演出します。

射《い》込《こ》みなす素麺

材料（2人分）

なす…2本　とりささみ…2本　素麺…2束

素麺つゆ

［だし…1カップ　淡口しょうゆ…大さじ2と½
砂糖…大さじ1と½　みりん…大さじ½］

しょうゆ…小さじ1　かたくり粉…少々

揚げ油…適量

あさつき…2〜3本　しょうが…15g

作り方

1 鍋に素麺つゆの材料を合わせて中火にかけ、沸いたら火を止める。

2 とりささみは筋をとり（175ページ参照）、薄いそぎ切りにし、しょうゆをまぶす。

3 なすはヘタをつけたまま、縦に十文字の切り込みを入れ、断面にかたくり粉を少量まぶす。(a)(b)

4 なすにささみをはさみ込み、なすが開かないように楊枝2本で止める。(c)(d)

5 揚げ油を170℃に熱し（油に粉を落としてすぐに浮いて小さい泡が出るくらいが目安）、3をささみの部分が少し色づくまで揚げる。(e)

6 素麺は束をほどく前に、端をたこ糸で縛る。鍋にたっぷりの湯を沸かし、素麺を加え、10秒したら糸の結び目近くに菜箸を入れてほぐし、結び目近くにも火を入りやすくする。沸騰したら水½カップ（分量外）を加え、再び沸騰したらさらに水½カップ（分量外）を加え、沸騰したら水にとる。流水で洗い、十分に冷ましてからザルにあける。(f)

7 5のなすは長さを半分に切ってヘタを切り落とし、楊枝を抜く。あさつきは小口切りにし、しょうがはすりおろす。(g)

8 器になすと結び目を切り落とした素麺を盛り、つゆをはる。しょうがを添えてあさつきを散らす。

切り落とした素麺の端は、みそ汁などの実などにしていただきます。

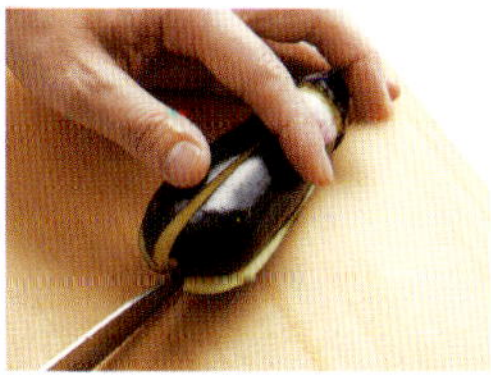

a

b

c

d

e

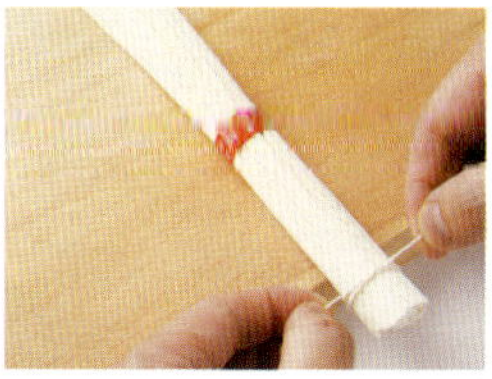

f

g

秋｜の｜献｜立

手籠には秋を感じるひと口料理を盛り合わせて目で楽しみ、
松茸の土瓶蒸しの香りも加え、五感で秋を味わいます。

秋の手籠《てかご》盛り　秋鮭の幽庵《ゆうあん》焼き　蒸しきぬかつぎ　松茸の土瓶《どびん》蒸し

（しいたけの海老しんじょ、松葉素麺、銀杏、万願寺唐辛子、ほたての満月焼き）

秋の手籠《てかご》盛り

材料(4人分)

しいたけの海老しんじょ

生しいたけ…4枚

芝海老…100g(頭と殻つき／殻なしの場合は50g)

塩…少々　かたくり粉…小さじ$\frac{1}{4}$　揚げ油…適量

松葉素麺

素麺…$\frac{1}{2}$束　焼き海苔(2cm×6cm)…4枚

揚げ油…適量

銀杏、万願寺唐辛子

ぎんなん…12個　万願寺とうがらし…2本

揚げ油…適量　塩…適量

ほたての満月焼き

ほたて貝柱(生)…4個　塩…適量

酒…大さじ1　卵黄…1個

サラダ油…小さじ$\frac{1}{2}$

a

b

c

d

e

作り方

1　しいたけの海老しんじょを作る。芝海老は殻をむいて頭と背わたをとり(175ページ参照)、たたいて細かくし、塩とかたくり粉を加えて混ぜる。

2　しいたけは軸を除く。内側にかたくり粉(分量外)を少しつけて1を詰め、170℃の揚げ油(油に粉を落としてすぐに浮いて小さい泡が出るくらいが目安)で海老が軽く色づくまで揚げる。(a)

3　松葉素麺を作る。素麺を15本程度ずつまとめる。両端からそれぞれ$\frac{1}{4}$長さのところで海苔を巻き、巻き終わりは水をつけてとめる。真ん中をハサミで切って半分にする。揚げ油を170℃に熱し、海苔の部分を菜箸でつかんだまま入れて両端がばらけるようにし、色よく揚げる。(b)(c)(d)

4　ぎんなんは殻を外し(163ページ参照)、160℃(菜箸を入れてひと呼吸おいて泡が出てくるくらいが目安)の油で揚げる。薄皮をむき、薄く塩をふる。万願寺とうがらしは縦半分に切って種を除き、3cm長さに切る。170℃の油でさっと揚げ、薄く塩をふる。

5　ほたての満月焼きを作る。ほたては立て塩(188ページ参照、分量外)で洗い、厚さを半分に切る。バットに並べ、薄く塩をふって5分おき、酒をかける。

6　ボウルに卵黄を溶き、塩少々(分量外)、サラダ油を加えて混ぜる。

7　グリルにホイルを敷き、5を並べて焼いて、中まで火を通す。焼き上がる少し前にはけで表面に6をまんべんなくぬり、焼き色をつけずに乾かすように焼く。これを2～3回くり返し、黄身の厚みを出す。(e)

8　2、3、4、7を籠に盛り合わせる。

新しい土瓶をおろした時は　｜　土瓶の使い始めは、土瓶に野菜くずなどと水を入れて10分ほど火にかけて土のアクを抜いてから使います。

秋鮭の幽庵《ゆうあん》焼き、蒸しきぬかつぎ

材料（4人分）

秋鮭の幽庵焼き

生鮭…4切れ　食用菊…$\frac{1}{2}$パック（50g）

幽庵地［しょうゆ…大さじ2　みりん…大さじ1　酒…大さじ1］

甘酢［米酢…50mℓ　砂糖…大さじ2　塩…小さじ$\frac{1}{5}$］

蒸しきぬかつぎ

里いも（石川いも）…8個　黒ごま…適量　塩…小さじ$\frac{1}{5}$

a

b

c

作り方

1 秋鮭の幽庵焼きを作る。鮭は盛りやすい大きさに切る。幽庵地の調味料を合わせ、半量を鮭にかけて15分おく。グリルにのせ、焼き色がつくまで焼く。残りの幽庵地をはけで数回ぬり、色よく焼き上げる。(a)

2 菊は、ガクから花びらを外し、塩と酢少々（ともに分量外）を加えた熱湯で1分ほどゆでる。さらしなどにとり、冷水でもみ洗いして軽く水気をしぼる。

3 甘酢の調味料を合わせて鍋に入れ、ひと煮立ちさせて冷ます。ここに2をつける。

4 蒸しきぬかつぎを作る。里いもはよく洗って泥を落とし、根がついていた部分を切り落とす。切り落とした部分の反対側から1cmぐらいのところに、ぐるりと一周包丁を入れる。蒸し器で10分ほど、竹串がすっと通るまで蒸す。(b)(c)

5 全体に塩をふって4で包丁を入れた上部の皮を除き、黒ごまをのせる。

6 器に1と5を盛り、鮭につんもりと3を添える。

松茸の土瓶《どびん》蒸し

材料（4人分）

松茸…1本（20g程度）　とりもも肉…100g　車海老…4尾

ぎんなん…8個　三つ葉…適量　すだち…2個

とりの下味［塩…少々　酒…大さじ2］

車海老の下煮汁［水…$\frac{1}{2}$カップ　酒…大さじ1　塩…小さじ$\frac{1}{2}$］

本汁［だし…4と$\frac{1}{2}$カップ　塩、淡口しょうゆ…各小さじ1］

a

b

作り方

1 松茸はかさの上から軽く水洗いし、包丁で石づきを薄くそぎ落とし、かさに包丁を入れてさく。(a)(b)

2 とり肉はひと口大に切って鍋に入れ、ひたひたの水をはり、塩と酒を加え中火にかけ、火を入れる。

3 海老は頭と背わたをとる（175ページ参照）。下煮汁の材料を鍋に入れて煮立て、海老を入れて火が通るまで約2分煮てそのまま冷ます。ぎんなんは殻からとり出し、塩少々（分量外）を加えた熱湯でさっとゆで、皮をむく。

4 鍋に本汁の材料を合わせ、水気をきった2のとり肉を入れてあたためる。

5 1の松茸、水気をきったとり肉、海老、ぎんなんを土瓶に入れ、4の汁を加え、土瓶ごと中火にかけて再度あたためる。

6 三つ葉を2cm長さに切って加え、くし形切りにしたすだちを添える。

焼いてから煮汁にひたす料理を、焼きびたしと呼びます。
ここでは焼いたさんまを器に盛り、仕上げにつゆをはります。

さんまの焼きびたし

材料（4人分）
さんま…2尾
ほうれん草…½把
かけ汁
［だし…1と½カップ　しょうゆ…大さじ1
砂糖…小さじ2　みりん…大さじ1　塩…少々］
糸がつお…適量

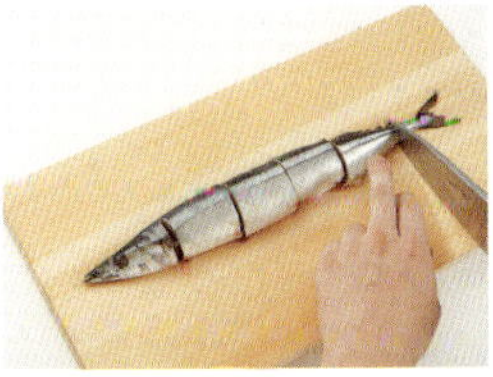
a

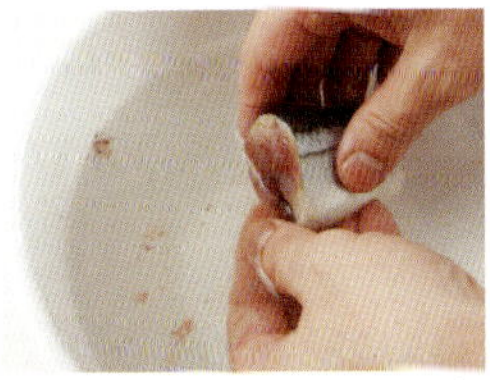
b

c

d

作り方

1 さんまは頭を落とし、骨ごと4cm長さに切る（筒切り）。立て塩（188ページ参照、分量外）の中で内臓をとり出し、お腹の中をきれいにする。(a)(b)

2 グリルにアルミホイル（シリコーン加工したもの）を敷いてさんまを並べ、火が通るまで焼く。(c)

3 熱いうちに頭側から骨抜きで身をくずさないように骨を抜く（筒抜き）。(d)

4 ほうれん草は塩ひとつまみ（分量外）を加えた熱湯でゆで、冷水にとる。巻きすで巻いて水気をきり、4cm長さに切る（17ページ参照）。

5 鍋にかけ汁の材料を合わせて中火にかける。

6 器にさんま、ほうれん草を盛って熱々のかけ汁をはり、糸がつおを上に飾る（天盛り）。

秋を代表する魚

さんまは夏のうちから店先に出るようになりますが、やはり旬は秋。口の先が黄色くなっているのが脂がのっているサインです。肩が盛り上がったものを選ぶのも、目利きの方法のひとつです。

満月が秋の薄雲をまとったようなお椀です。
本汁には、すりおろしたかぶを加え、すり流しとしました。

黄身しんじょ椀

材料（4人分）
はんぺん…150g　車海老…2尾
大和いも…大さじ2　卵黄…1個分
かぶ…大2個（正味400g）　みりん…小さじ1
塩…適量　おかひじき…適量
本汁
［だし…4と$\frac{1}{2}$カップ　淡口しょうゆ…小さじ1
塩…小さじ1］
かたくり粉…小さじ2

作り方

1　はんぺんはすり鉢に入れてすりこぎで潰し、なめらかになるまでよくする。大和いもをすりおろして加え、ムラがなくなるまでさらにする。(a)(b)
2　みりんを加えて混ぜ、最後に卵黄を加えて全体が黄色くなるまで混ぜ合わせる。(c)
3　海老は背わたをとって（175ページ参照）頭、尾、殻を除く。小さく切ってから包丁で細かくたたき、塩をふってまな板の上で混ぜる。(d)
4　適当な大きさのラップを手のひらに広げ、2の$\frac{1}{4}$量をのせ、真ん中に3の海老の$\frac{1}{4}$量をのせ、海老が見えるように包んで茶巾状にしぼる。残りも同様に作る。深さのある小鉢に入れて蒸し器に並べ、中火で8分蒸す。(e)(f)
5　かぶはすりおろし、さらしに包んで軽く水気をしぼる。
6　おかひじきは熱湯でさっとゆで、水にとる。水気をきり、1人分ずつ束ねる。
7　鍋に本汁のだしを入れて中火にかけ、沸かす。調味料を加えて味をととのえ、5を加えて混ぜる。かたくり粉を同量の水（分量外）で溶き、本汁に加えて混ぜ、とろみをつける。
8　4のしんじょを、ラップを外して器に盛り、おかひじきを添えて熱々の本汁をはる。

a

b

c

d

e

f

冬｜の｜献｜立

体の芯まで冷えてしまいそうな寒い日。
大きな鍋をみんなで囲んではいかがでしょうか。
さまざまな具をとり合わせ、
美味しいだしが出たところでうどんを入れていただきます。

うどんすき

（車海老、はまぐり、とり肉、春菊、白菜
里いも、にんじん、しいたけ、油揚げ、生麩、うどん）

中
点火

うどんすき

材料（4人分）
車海老…4尾
はまぐり…4個
とりもも肉…1枚（300g）
春菊…½把
白菜…¼個
生しいたけ…4枚
里いも…3個
にんじん…½本
油揚げ…1枚
生麩…1本
うどん…2玉
薬味［大根…300g　赤唐辛子…2本
　あさつき…⅕把　レモン…1個］
鍋汁［だし…9カップ　淡口しょうゆ…¾カップ
　みりん…½カップ　酒…大さじ3］

作り方

1 海老は背わたをとり（175ページ参照）、食べやすいように腹側の殻に包丁目を入れる。はまぐりは口の部分をふいて汚れを除く。とり肉は薄いそぎ切りにする。(a)(b)
2 春菊は、葉を2枚ずつつけて軸の部分で均等に切り分け、白菜は食べやすい大きさに切る。しいたけは軸を切り落とす。(c)(d)
3 里いもは皮をむいて乱切りにする。にんじんは皮をむいて厚めの短冊切りにする。ともに水から細串が入るまでゆでる。(e)
4 油揚げは軽くあぶって焼き目をつけ、ばち形に切る。生麩はぬらした状態から包丁でひと口大に押し切る。(f)(g)
5 うどんはさっとゆでて流水で洗う。ぬめりがとれると口あたりがよくなり、鍋汁も濁りにくくなる。(h)
6 薬味を用意する。大根はすりおろし、みじん切りにした赤唐辛子と混ぜてもみじおろし（191ページ参照）にする。あさつきは小口切りにし、レモンはしぼりやすく切る。(i)(j)
7 鍋に鍋汁の材料を合わせて、ひと煮立ちさせる。
8 大皿に具を盛りつける。盛りつけた時に奥になる部分に白菜、春菊、しいたけの順に盛り、手前半分くらいにとり肉を重ならないように並べる。横にうどんを盛り、里いも、生麩、油揚げ、にんじんを彩りよくのせ、中央にはまぐり、海老を盛る。(k)(l)(m)
9 鍋に鍋汁をはって中火にかけ、好みの具を入れながら、煮えた順に器にとり、好みの薬味でいただく。うどんは最後に入れ、具から出た美味しいだしとともにいただく。

a

b

c

d

e

f

g

h

i

j

盛りつけは大きなものから

鍋物の具の盛りつけは、大きなものから小さいものへと、奥から順に、が基本です。雑具(ざく)と呼ばれる野菜類を盛り、次に肉やうどんなど、高さの出にくいものを盛ります。中央に海老などを彩りよく盛ります。

k

l

m

冬の滋味、かき。
ふっくらとした身と、そのだしで炊き上げる炊き込みご飯です。

かき飯

材料（4人分）
かきのむき身…250g
米…2カップ
酒…大さじ1
しょうがのせん切り…適量
かきの煮汁
［しょうゆ…大さじ2　酒…大さじ1と$\frac{1}{2}$］
焼き海苔…適量　三つ葉…適量

作り方

1 かきはザルに入れて多めの塩（分量外）をふり、少量の水でふり洗い（190ページ参照）して汚れた水を捨て、すぐにたっぷりの水をはったボウルの中でふり洗いし、汚れなどを落とす。(a)(b)

2 かきをきれいなボウルに移し、酒大さじ1をふりかけて洗い、ザルにあけて水気をきる。(c)

3 鍋に煮汁の調味料を合わせ、かきを加えて強火にかける。身がぷっくりしてひだの部分が縮んできたら、ザルにとって身と煮汁を分ける。(d)(e)

4 3の煮汁に水（分量外）を足して480mℓにする。(f)

5 米をといで（99ページ参照）鍋に入れ、4を注いで30分おく。(g)

6 鍋を強火にかけ、沸いてきたら3のかき、しょうがのせん切りを順に加え、蓋をして中火にかける。(h)

7 8〜10分ほどして水が減り、米の表面がぶつぶついうようになったら弱火にし、1〜2分ほど加熱する。蓋をあけ、米の表面に水分がほぼなくなったら蓋をして10秒間強火にし、火を止める。10分蒸らして天地を返し、器に盛り、三つ葉ともんだ海苔を添える。

a

b

c

d

e

f

g

h

淡雪のようなかぶらのおろしを魚にかけて、やわらかに蒸します。
あんをかけて熱いうちにいただく、やさしい味わいの料理です。

金目鯛のかぶら蒸し

材料(4人分)
金目鯛…4切れ　かぶ…大2個(正味400g)
金目鯛用下味[塩…少々　酒…大さじ1]
百合根…30g　ぎんなん…6個　乾燥きくらげ…2枚
百合根下ゆで用
[水…$\frac{1}{2}$カップ　酒…小さじ2　塩…少々]
卵白…$\frac{1}{2}$個分　塩…小さじ$\frac{1}{5}$
あん[だし…1カップ　みりん…大さじ1
淡口しょうゆ…大さじ1と$\frac{1}{2}$]
かたくり粉…大さじ1　わさび…適宜

作り方

1 金目鯛は小骨を除き、バットに入れて薄塩(187ページ参照)をふり、酒をふりかけて10分おく(酒塩《さかしお》)。

2 ぎんなんは包丁の背でたたいて殻をむく。鍋に入れてひたひたの水を注ぎ、塩ひとつまみ(分量外)を加えて中火にかけ、穴あきお玉の底でころがしながら1分半ほどゆでて薄皮をむき、4〜6等分に切る。(a)(b)

3 百合根は1片ずつはがし、黒い部分は除く。鍋に下ゆで用の材料とともに入れ、全体に透明感が出るまでゆでてそのまま冷ます。きくらげは水でもどしてさっとゆで、せん切りにする。(c)(d)(e)

4 かぶは皮を厚めにむいてすりおろし、ふきんに包んで軽く水気をしぼる。卵白をコシをきるようにほぐしてかぶに加え、塩も加えて混ぜる。(f)(g)

5 深さのある器に1の金目鯛を盛る。4のかぶにぎんなん、百合根、きくらげと塩を混ぜ合わせ、金目鯛につんもりとのせる。(h)

6 5を蒸し器で12分蒸す。蒸し器に器を入れて菜箸を渡し、ふきんをかけて蓋をして蒸し、出た汁は捨てる。(i)

7 あんの材料を鍋に入れて中火にかけ、沸いたら火を止めてかたくり粉を同量の水(分量外)で溶いて加え、再び中火にかけて混ぜ、とろみをつける。(j)

8 6にあんをたっぷりとかけ、好みでわさびを添える。

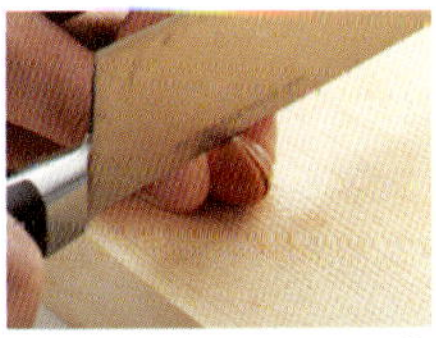
a

b

c

d

e

f

g

h

i

j

おせち料理

一年の始まりという節目の行事にいただくおせち。
年神様を迎え、新年を寿《ことほ》ぎ、無病息災を願いながらいただきます。
お重に詰められた、料理ひとつひとつの意味や願いも思いながら
心を込めて用意しましょう。

黒豆　田作り　数の子
伊《だ》達《て》巻き　紅白かまぼこ
栗きんとん　海老の艶《つや》煮《に》
鴨ロースの蒸し煮　紅白柚《ゆ》香《こう》柿なます
筑前煮（35ページ参照）

黒豆

材料（作りやすい分量）
黒豆（できれば丹波黒豆）
…2カップ
重曹…小さじ1
砂糖…200g
淡口しょうゆ…大さじ1
チョロギ…適宜

作り方

1 黒豆は洗って大きな鉄鍋に入れ、重曹と豆の3倍量程度の熱湯を注いでひと晩おく。鉄鍋を使うときれいな黒色に仕上がり、重曹は豆をやわらかくする。皮をさけにくくする。(a)

2 1の鍋を強火にかけ、沸いたらアク（白い泡状）をとる。アクがおちついたら弱火にし、静かに沸く状態を保つ。途中で湯を足して豆がひたる状態を保ちながら、40分ほどゆで、親指と小指でつまんでつぶれるくらいのやわらかさになったら火を止める。(b)(c)

3 豆がつぶれないように水を手のひらにあてながら鍋に注ぎ、手で触れられるくらいの温度に冷ます。(d)

4 豆をすくいとり、写真eの右のものくらい皮が大きく破れている豆は除く。

5 蜜を作る。別の鍋に水250mℓ（分量外）と砂糖と淡口しょうゆを入れ、中火にかける。砂糖が溶けたら火を止めて冷ます。

6 ボウルに水気をきった黒豆を入れて蜜を注ぐ。(f) キッチンペーパーか半紙をかぶせ、豆に密着させて豆が蜜にひたる状態にし、ひと晩おいて蜜を含ませる。(f)

7 6の豆を蜜からとり出し、蜜のみを再び火にかけて静かに10分ほど煮詰める。豆とあわせて冷ます。器に盛りつけ、好みでチョロギを飾る。

鉄鍋を使うのは、黒豆の発色をよくするためです。

a

b

c

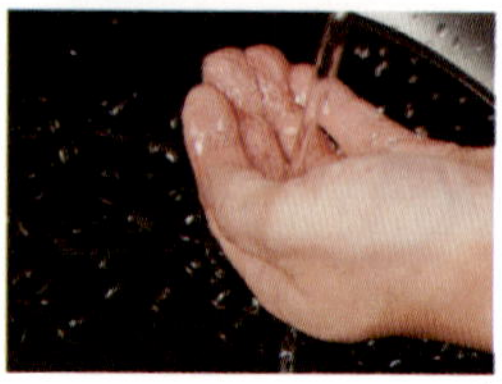
d

e

f

田作り

材料（4人分）

ごまめ…40g

蜜用［しょうゆ…大さじ1と$\frac{1}{2}$

砂糖…大さじ3と$\frac{1}{2}$

酒…大さじ1と$\frac{1}{2}$］

作り方

1 フライパンをあたため、ごまめを入れて中火で煎る。お腹と頬に少し焼き目がついたら、キッチンペーパーに広げて冷ます。(a)

2 鍋に蜜用の調味料を合わせ、砂糖をよく溶かしてから強火にかける。煮立って表面が泡でいっぱいになったら火を止める。これを3回くり返して蜜を作る。(b)

3 1を鍋に加え、木べらで全体に蜜をからめるように混ぜる。(c)

4 ごまめを鍋の片側に寄せ、鍋のあいた部分を中火にかけて鍋肌についた蜜が白くなり、飴にしてからごまめにからめる。(d)(e)

5 バットに広げる。(f)

手順2と3で蜜を計3回煮立てては火を止めるのは、蜜をごまめにからみやすい濃度にするためです。ただし、この段階の蜜はごまめから流れ落ちるやわらかさ。その落ちた蜜を煮詰めて濃度をつけ、仕上げにからめます。

a

b

c

d

e

f

数の子

材料（4人分）
塩数の子…3本
塩…適量
ひたし汁［だし…$\frac{1}{2}$カップ　酒…大さじ1
淡口しょうゆ…大さじ1と$\frac{1}{2}$］

作り方

1 ボウルに塩数の子を入れ、ひたひたの水と塩小さじ1を加え、つける。毎日同様の塩水と入れ換え、3日ほどかけて塩抜きし、端を食べてみてほんのり塩味がする程度になればよい。塩を抜きすぎると苦みが立つ。
2 薄皮をむき、ふちの部分の薄皮は細串を入れて丁寧にとり除く。(a)
3 鍋にひたし汁の材料を合わせてひと煮立ちさせる。冷めたら数の子をひたす。時々天地を返し、1日おいて味を含ませる。盛りつける時に食べやすい大きさに切る。

a

おせち料理に欠かせない三つ肴

おせち料理は、年の始めを祝うと同時に、家族の健康や一年の安泰を祈願する料理でもあります。とくに、数の子、黒豆、田作りの三種は「三つ肴」と呼び、伝統的なおせち料理には欠くことのできない料理です。
数の子はにしんの卵で、二親《にしん》にかけ、両親が揃う縁起。その名前のとおり、子孫繁栄の願いをあらわします。黒豆の「まめ」には「まじめ」「健康」という意味が含まれ、よく働くお百姓さんになぞらえて肌が黒く日焼けするほど健康に働けるようにと願います。田作りに使うごまめは、かたくちいわしを素干ししたもので、田畑の肥料として使用されていました。五穀豊穣を願っていただきます。

伊達巻き

材料（1本分）
生身（白身魚のすり身）…150g
卵…6個
砂糖…125g　酒…大さじ1と½
淡口しょうゆ…大さじ½
みりん…大さじ1

作り方

1　すり鉢に生身を入れてよくすり、粘りが出たら砂糖を加えて混ぜ、白身と黄身をよくといた卵を少しずつ加えてすりこぎで混ぜながらのばす。(a)
2　溶き卵が全量入り、全体がなめらかになったら、酒、淡口しょうゆ、みりんを加えて混ぜる。(b)
3　20×25cmほどのバットに少し大きめに切ったクッキングシートを敷き、2を流し入れる。
4　200℃に熱したオーブンで15分焼く。(c)
5　オーブンからとり出し、3と同じ大きさに切ったクッキングシート、巻きすを順にかぶせて返す。上のクッキングシート（焼く際に敷いたもの）を外し、巻きすの上をすべらせてバットにもどす。(d)(e)
6　再び200℃のオーブンで10分ほど焼く。
7　巻きすを凹凸のある面が接するようにかぶせて返し、クッキングシートを外す。菜箸で押さえながら巻きすで巻き、中央にたこ糸を結び、潰れないよう巻きすを立てて冷ます。(f)(g)
8　完全に冷めたら巻きすを外して1cm幅に切る。

a

b

c

d

e

f

g

紅白かまぼこ

材料（4人分）
かまぼこ（赤、白）…各1本

作り方

1　かまぼこは、板の上でそれぞれ1cm幅に切り込みを入れてから、板に沿って包丁を入れて切り離す。(a)
2　赤、白ひと切れずつをひと組とする。お重に詰める時は、赤白が交互になるよう並べる。

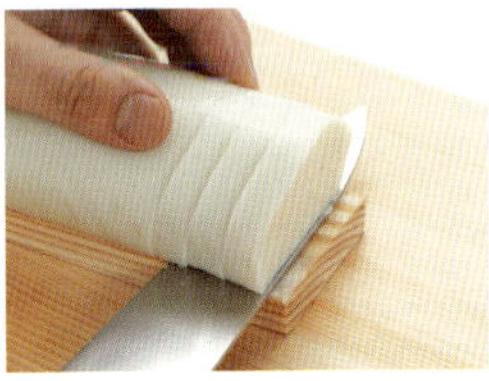
a

栗きんとん

材料(作りやすい分量)
さつまいも
(金時系の品種)…250g
栗の甘露煮…6個
みょうばん…小さじ½
くちなしの実…1個
砂糖…90g　みりん…大さじ½

作り方

1 さつまいもは1cm厚さの輪切りにし、皮を厚くむく。皮の数mm内側に輪状にある線より外側は、仕上がりの色が悪くなるので、線の内側からむく。(a)

2 ボウルに水3カップ(分量外)とみょうばんを入れ、さつまいもを30分ほどひたす。みょうばん水は仕上がりの色をきれいにする。

3 鍋に2を移して中火にかけ、小煮立ち(187ページ参照)したらすぐに水洗いする。いもの色が黒くなった部分は切りとって除く。黒い部分が多いものは使わない(吟味の霜ふりという)。

4 鍋をきれいに洗い、3のさつまいもを入れてかぶるくらいの水をはる。くちなしの実を半分に割って加えて中火にかけ、さつまいもに細串が通るまでゆでる。くちなしの実を加えることで鮮やかな黄色になる。(b)

5 さつまいもが熱いうちに裏漉しする。裏漉し器は金属製のものを使うと色が変わるため、馬毛のものを使う。(c)

6 5を鍋に入れ、砂糖、水大さじ1(分量外)を加えてなじませ、強火にかけて、木べらで混ぜながら練る。途中でパサついたら大さじ1程度(分量外)の水を加えながらつやが出るまで練る。火が弱いと仕上がりに透明感が出ないので、木べらを動かして焦がさぬよう注意して火加減を保つ。(d)(e)

7 透明感が出たら栗を加えて火を中〜弱火にし、木べらで鍋底をなぞってあとがゆっくり埋まるくらいになったらみりんを加えなじませる。(f)(g)

8 7をバットに広げて冷ます。鍋に入れたままだと火が入りすぎるので、熱いうちにバットに移し冷ます。(h)

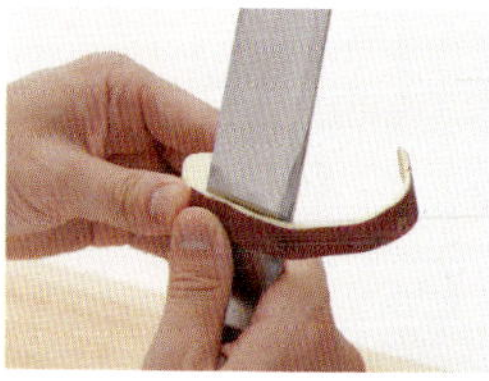

a

b

c

d

e

f

g

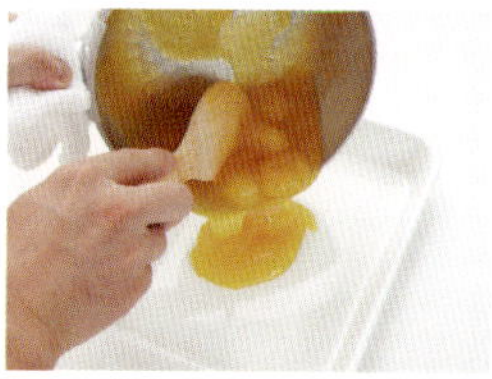

h

海老の艶《つや》煮《に》

材料（4人分）
車海老…4尾　酒…½カップ
水…¼カップ　砂糖…大さじ1と½
みりん…大さじ1　淡口しょうゆ…大さじ1強

作り方

1 海老は竹串で背わたをとる（175ページ参照）。
2 鍋に酒、水を入れて沸かし、海老を入れる。沸いた状態を保ち、海老を丸めるように菜箸で押さえて火を通す。(a)
3 海老の色が変わったら、砂糖、みりん、淡口しょうゆを順に加える。落とし蓋をして、蓋に汁があたる火加減を保ち、汁気がなくなるまで煮る。(b)

a

b

鴨ロースの蒸し煮

材料（作りやすい分量）
鴨むね肉…1枚
煮汁［だし…½カップ　しょうゆ…½カップ
　　みりん…½カップ　砂糖…大さじ2］

作り方

1 鴨は筋などを除き、皮目に1㎝間隔で切り目を入れる。
2 しっかりと熱したフライパンで1の皮目をきつね色になるまで焼く。網にのせて熱湯をかけ、脂を落とす。(a)
3 ボウルに煮汁の材料を合わせて2を皮目を上にして入れ、蒸し器で8分蒸す。(b)
4 煮汁につけたまま冷まし、7～8㎜厚さに切る。

a

b

紅白柚《ゆ》香《こう》柿なます

材料（4人分）
大根…4㎝長さのもの150g　にんじん…4㎝長さのもの15g
干し柿…2個　黄柚子の皮…少々
甘酢［米酢…¼カップ　砂糖…大さじ2　塩…少々］

作り方

1 鍋に甘酢の調味料を合わせて中火にかけ、ひと煮立ちさせて冷ます。
2 大根、にんじんは皮をむいて、縦にせん切りにする。
3 2をボウルに入れて塩ひとつまみ（分量外）を加え、混ぜる。水気が出たらよくもんで、水気をしぼる。
4 干し柿はヘタと種を除き、細切りにする。柚子の皮はみじん切りにする。
5 3と干し柿を合わせて1の甘酢で和え、柚子を加えて和える。

お正月に欠かせないお雑煮は、
全国各地に郷土料理としてさまざまなものがあります。
ここでは角餅を入れた江戸のすまし仕立てのお雑煮を紹介します。

江戸雑煮

材料（4人分）
車海老…4尾
とりささみ…2本
小松菜…$\frac{1}{2}$把
かまぼこ…4切れ
角餅…2個
海老下煮汁［水…$\frac{1}{2}$カップ　酒…大さじ1　塩…小さじ$\frac{1}{2}$］
本汁［だし…4と$\frac{1}{2}$カップ　淡口しょうゆ…小さじ1
　　塩…小さじ1］
黄柚子…適量

作り方

1 海老は頭を下げて背を丸め、胴の間にすきまを作り、そこに竹串を入れ、背わたをとる（175ページ参照）。食べる時に殻をむきやすいよう腹側に縦に包丁目を入れる。(a)(b)
2 鍋に海老、下煮汁の材料を合わせて中火にかける。海老が丸まったら菜箸で押さえながら1分ほど煮て、煮汁の中でそのまま冷ます。(c)
3 とりささみは筋をとって（175ページ参照）そぎ切りにし、薄塩（187ページ参照、分量外）をふる。熱湯に入れて表面が白くなったら引き上げて、霜ふる。(d)(e)
4 小松菜は塩ひとつまみ（分量外）を加えた熱湯でゆでる。水にとり、巻きすに巻いて水気をきる（17ページ「ほうれん草のおひたし」参照）。
5 餅は半分に切って熱した焼き網にのせ、こんがり焼き目がつくまで焼く。(f)
6 鍋に本汁の材料を合わせ、あたためる。ささみを加えて火を通す。
7 お椀に、餅、かまぼこ、車海老、ささみ、小松菜を形よく盛って汁をはり、柚子を重ね松葉（下記参照）にして飾る。

a

b

c

d

e

f

重ね松葉…長方形に切った柚子の皮に、互い違いに切り目を入れてねじって松葉のように組む。

素材ごとの基本の下ごしらえ

野菜

野菜は基本的に流水で洗い、泥やほこりを落としてから使いましょう。きのこ類は洗わず、ほこりを落とす程度です。丁寧な下ごしらえは衛生面だけでなく、火の通りをよくし、きれいな盛りつけにもつながります。

洗う

ほうれん草の根元に土がついているので、葉を広げながら水で洗い流す。小松菜なども同様に。

かぶの葉の軸の中にも土がついているので、流水で洗いながら竹串でとり除く。

ごぼうは流水をあてながら、包丁の背で皮をこそげとる。

里いもはたわしで洗って泥を落とし、皮もこそげとる。または包丁で皮をむく。みょうばん水につけることでぬめりをとり、煮くずれを防ぐ。

皮をむく

大根は皮の近くが固いので、厚めにむく。皮は好みできんぴらなどに使用するとよい。

種をとる

かぼちゃの種とわたは固い部分に沿ってスプーンをあててこそげとる。

ガクをとる

なすはガクの部分に包丁の刃をあて、なすを回しながら浅く包丁目を入れる。

オクラはヘタと実の間に包丁の刃を入れ、くるりと細くむく。

オクラのガクの部分は固く、口あたりが悪い。ゆでる時、この切り口から出るぬめりが湯からとり出す目安。

筋をとる

スナップえんどうはヘタの部分に包丁で切り目を入れてそのまま押さえ、さやをひっぱる。反対側も同様にして筋をとる。

さやいんげんは端のほうをポキッと折り、筋がつながったままの状態で反対の端のほうへ引く。

きのこの石づきをとる

きのこはおがくずなどがついた根元の先にある部分が石づき。その部分を包丁で切る。

しいたけは軸をとる。傘のつけ根に包丁の刃元を入れ、軸を持ち上げるようにしてとる。

卵

カラザをとる

菜箸でつまんでとり除く。そのままだと、料理にカラザが白く残ってしまう。

白身をほぐす

卵をふっくらと仕上げたい場合には菜箸で軽く混ぜて使う。白身のかたまりは菜箸で持ち上げて、切るようにする。

均一に混ぜる

卵をしっかりと固めたい場合にはボウルの底に、菜箸の先が常にあたるようにして立ててすばやく動かす。コシがしっかりきれる。

魚介

貝を洗う

あさりは流水をあてながら貝の殻をこすり合わせて洗い、殻の汚れを落とす。この時、開いたものや割れた貝は除く。しじみやはまぐりも同様。

海老の背わたをとる

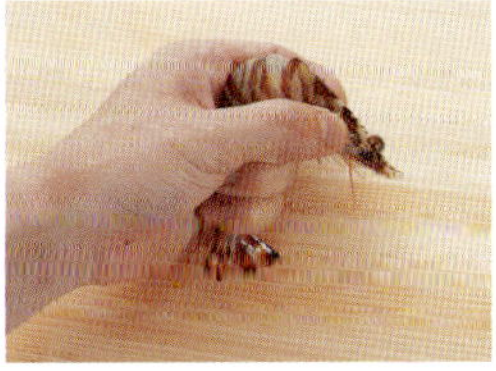

海老の頭を下げ、背を丸めることで、頭と胴の間に大きなすきまが生まれる。

頭と胴の間に竹串を入れて持ちあげ、そのまま静かに背わたをとる。

肉

ささみの筋をとる

筋の端を持ち、筋に沿って包丁を1本入れる。

まな板の上に筋を下にして置き、肉と筋の間に包丁を入れ、左手で筋をひっぱりながら包丁をまな板にぴったりとつけ、筋をとり除く。

とり肉は繊維に沿って切る

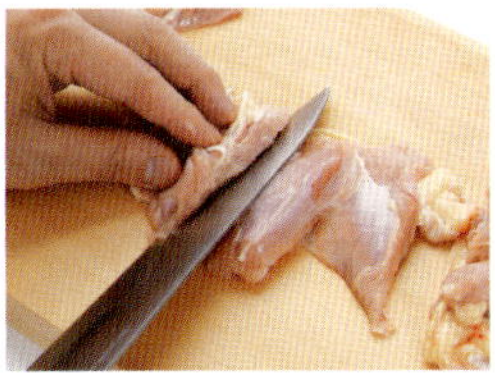

とり肉は繊維に沿って包丁を入れることで火が入ってもやわらかく仕上がる。

野菜の基本の切り方

薄切り

材料の端から薄く切る。調理法や材料によって縦、横の繊維を見極めて切る。歯ごたえや火の入り方が変わる。

輪切り

断面が円になる材料を端から均等な厚さに切る。極薄く切ることを「薄打ち」という。

斜め切り

材料に対して斜めに包丁を入れ、均等な幅に切る。

半月切り

断面が円になる材料を縦半分に切り、端から均等な厚さに切る。

断面が半円(半月状)になる。

いちょう切り

断面が円になる材料を縦$\frac{1}{4}$に切り、端から均等な厚さに切る。

断面がいちょうの形になる。

乱切り

細長い材料の端を斜めに切り、材料を少しまわして切り口を上にし、斜めに切る。これをくり返す。

乱切りは、表面積が大きくなるため、火が入りやすく味がしみ込みやすい。

乱切り(れんこん等)

れんこんなどの太い野菜は、縦半分または縦$\frac{1}{4}$に切り、まわしながら斜めに切る。

細切り、せん切り

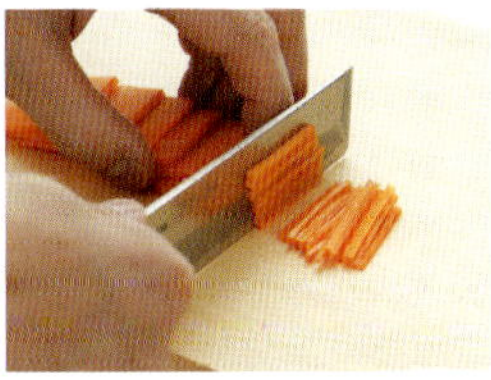

薄切りにした材料をトランプのように少しずらして重ね、端から細く切る。

多く使うのが写真左の細切りで、2〜3㎜の太さ(マッチ棒くらい)。右のせん切りは、細切りよりも細い。刺身のつまに使う時は、細いほうがきれいに盛りつけできる。

せん切り(ゆず)

ゆずの皮を下から上へむき、内側の白い部分をそぎ落とす。

端から細く切る。

白髪ねぎ

好みの長さに切り、縦に切り目を入れて芯の青い部分をとり除く。

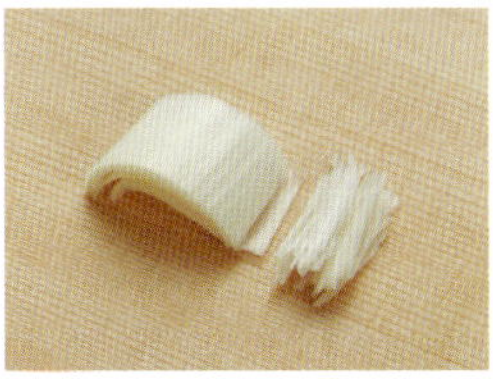

白い部分を重ねて平らにのばし、端から細く切る。

ひょうし木切り

材料を適当な長さに切り、約1㎝厚さに切る。断面を下にして置き、端から約1㎝の幅に切る。

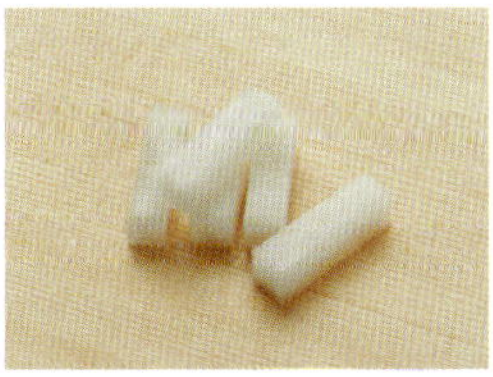

四角柱の棒状(拍《ひょう》子《し》木《ぎ》状)になるようにする。

角切り(さいの目切り、あられ切り)

材料をひょうし木切りにし、横長に置いて端から立方体になるように切る。

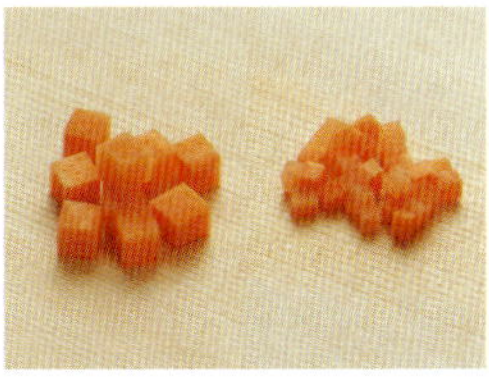

写真左がさいの目切りで、一辺の長さが7〜10㎜くらいが目安。右があられ切りで、さいの目切りよりも小さなものを指す。

小口切り

細長い材料を端から適当な厚さに切る。万能ねぎなどの細く長い野菜は2〜3等分にしてから束ねて切る。

小口とはもともと大工用語で木口といい、木の切り口のこと。長ねぎなどにも。

みじん切り（玉ねぎ）

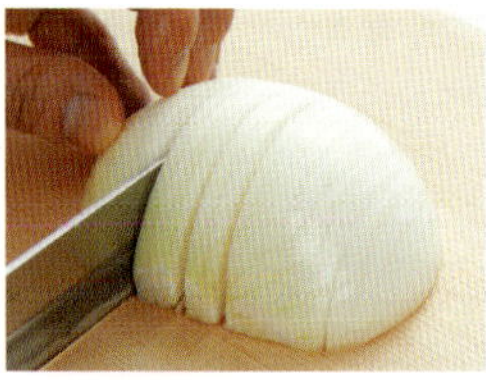

玉ねぎを縦半分に切り、根元を切り離さないようにして縦に切り目を入れる。

玉ねぎを90度回転させ、包丁を寝かせて横に切り目を入れる。

切り目と垂直に、端から細かく切る。小さく細かい状態になればよい。

みじん切り（長ねぎ）

長ねぎに、5～6本縦に切り込みを入れ、端から切る。

みじん切り（しょうが）

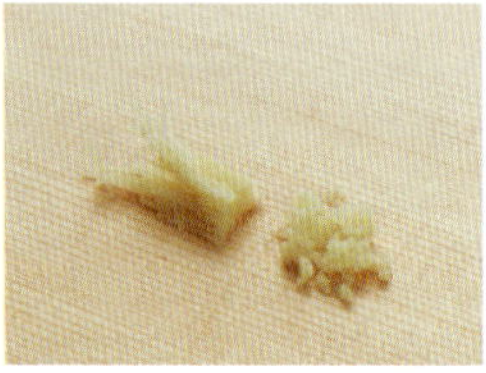

しょうがを薄切りにして重ね、細く切ってせん切りにし、さらに端から細かく切る。

くし形切り

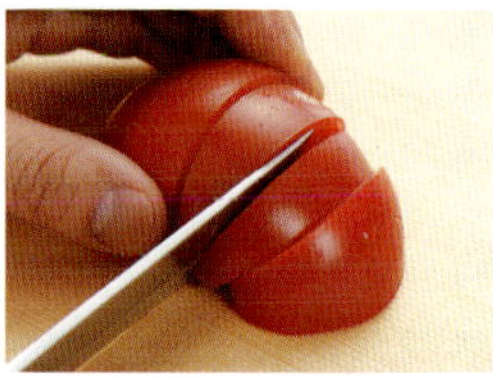

材料を半分に切り、断面を下にして放射状に切る。

櫛《くし》のかたちになればよい。玉ねぎやかぶなども同様に。

短冊切り

材料を適当な長さに切り、縦半分に切る。端から1～2㎜厚さに切っていく。

短冊状になればよい。ごぼうやにんじんなどにも。

色紙切り

材料を四角柱になるようにまわりを切り落とし、端から帯状に薄切りにしていく。数枚重ねて色紙のように四角で薄いかたちに切る。

ささがき（ごぼう）

ごぼうを少しずつまわしながら鉛筆を削るように斜めにそぐ。切った端を細く落とすようにに切ることで細いささがきになる。

馬《ば》簾《れん》切り（長ねぎ）

長ねぎに、十字に切り込みを入れ、適当な長さで切る。馬簾のような形からこの名前がある。

六面むき（里いも）

上下を少し切り落とす。

切り口を手前にして一対の面をむく。

さらにもう一対の面をむく。残りの一対も同様にむく。

上下部分から見ると六角形に、側面は六面になるようにする。

桂むき（大根）

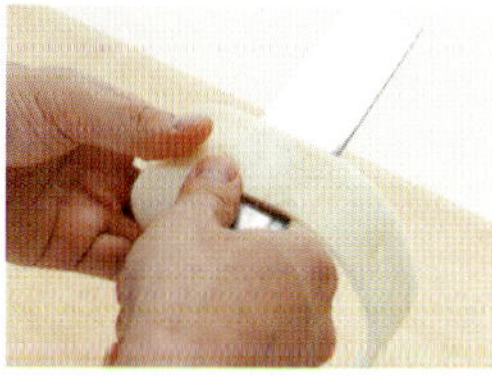

皮を厚くむく。大根の形成層部分（皮に近い輪の状態になったところ）は筋が固いため、厚くむくとよい。

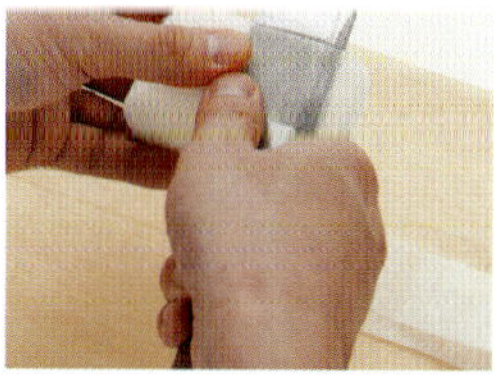

包丁はまな板と並行にし、包丁は動かさず、大根を動かすイメージでむくとうまくいく。

透けるほど薄く長くむけるとよい。にんじんやうど、きゅうりなどにも。

けん（大根）

桂むきした大根の長さを切りそろえて重ね、繊維に沿って端からごく細く切る。これを「白髪大根」という

切ったら冷水にはなす。10分くらいたつと互いがからみ合う。少量とって水気をきる。

きれいにピンと立つような状態になるとよい。

魚のおろし方

いわしの手開き

いわしや小さなあじなど、身がやわらかな魚に用いるおろし方です。
手が包丁がわりとなり、骨から身を外します。

❶うろこをとる。全体を指でこそげてうろこをはがし、水で流す。鮮度がよい場合、うろこが多くついている。

❷頭を持ち親指で中骨を折る。つけ根の上からちぎるように切り離す。

頭を静かに引き、内臓をとる。

❸腹を開く。腹側に人さし指をかけて下に引き、肛門まで開く。

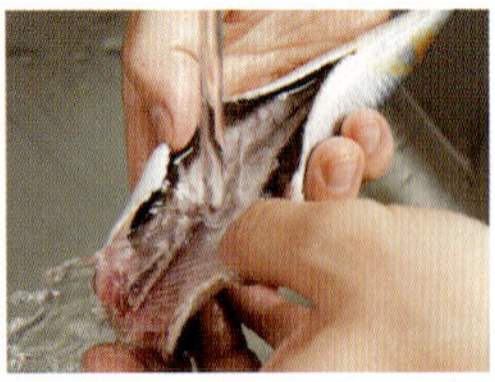

❹腹の中に残った血や汚れを水でしっかり洗い流す。

❺身を開く。いわしを両手で持ち、両方の親指を腹から中骨の上に入れ、背側の皮ぎりぎりまでさし込む。

❻両方の親指を左右の端まで中骨を感じながらすべらせる。

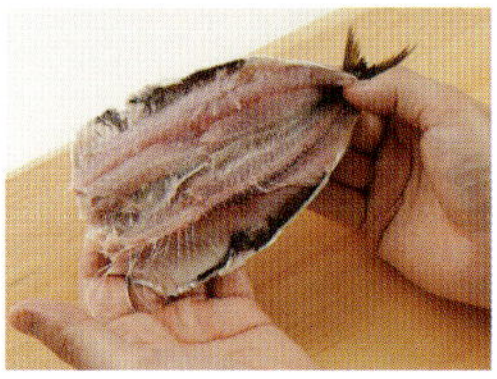

開いたところ。

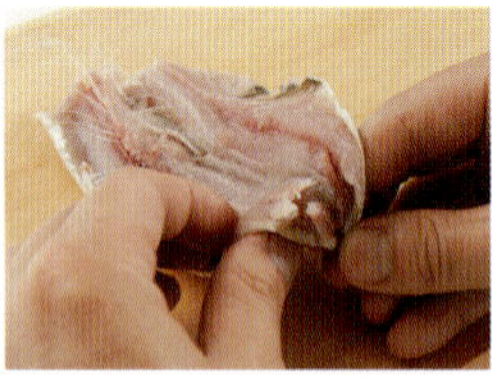

❼中骨をとる。中骨の尾に近い部分を折る。

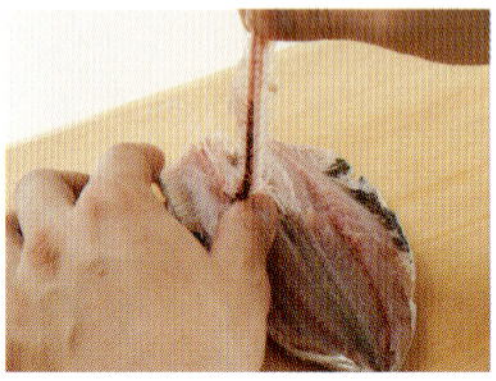

❽浮いた中骨の端を持ち上げ、身を手で押さえながら外していく。

❾腹骨（内臓を包んでいた部分にある骨）をすきとる。包丁の刃を垂直に入れ、徐々に刃を寝かせて骨に身がつかないように切りとる。

反対側も同様にして、手開きの完了。

あじの大名おろし(三枚おろし)

基本の三枚おろし(身二枚と骨一枚に分けるおろし方)です。
さばなどにも使います。骨に少し身が残ることから「大名」の名がついています。

❶うろこをとる。包丁の切っ先を使い、尾のほうから頭に向かって包丁を動かす。

❷頭を落とす。胸びれを持ち上げ頭のほうへ斜めに、中骨にあたるまで包丁を入れる。裏返して同様にし、頭を切り落とす。

❸尾を手前に縦に置き、腹びれの固い部分を、肛門の手前くらいまで三角に切り落とす。

❹内臓を出す。三角に切り落とした部分に包丁の刃先を入れ、内臓を押さえ、身を引くようにするときれいに取り出せる。

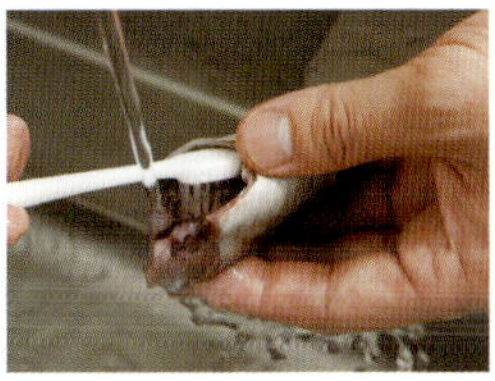

❺流水をあてながら、腹の中をきれいに洗う。中骨についた血(腎臓)をしっかり落とす。歯ブラシがあると、洗いやすい。

❻尾を左に、背を手前にして置き、頭のほうから中骨に沿って包丁を入れる。この時、中骨の上にのせた包丁を常に引くようにして動かすとよい。

❼裏返し、骨を下にして⑥同様に包丁を入れ、三枚におろす。

三枚におろしたところ。写真上から下身、上身、中骨。

❽尾を手前に縦に置き、腹骨に沿って腹骨をできるだけ薄く切りとる。

❾身の中心についている小骨を骨抜きでとる。基本的には真上に抜くとよいが、あじは、頭のほうへ向かって抜くときれいにとれる。下身も同様にする。

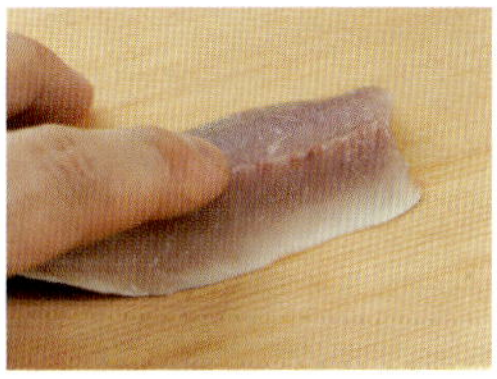

❿小骨が残っていないか指でなぞって確認する。

大名おろしの完了。写真上から下身、上身。

あじのつぼ抜き

「つぼ抜き」は、割り箸で内臓とエラを一度に口からとり除く方法。内臓をとる時に包丁を使わないので、魚のそのままの姿を保てます。

❶ぜいごをとる。ぜいごの尾のほうから頭に向かって包丁を上下に動かしながらとる。裏返して下身も同様にする。

❷内臓をとり除く。口からエラの外側を通って1本割り箸を入れる。

❸内臓の奥まで割り箸を入れる。反対側も同様にもう1本の割り箸を入れる。

❹2本の割り箸でエラと内臓をはさみ込むようにする。

❺割り箸をぐるりと2、3周まわしてエラと内臓をからめるようにし、引き抜く。

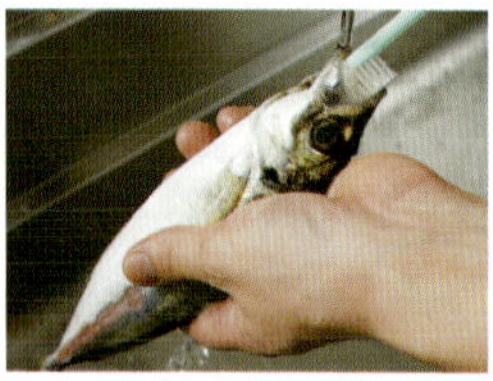

❻流水をあてながら歯ブラシを口から入れ、腹の中をきれいに洗う。

いかのさばき方

いかをさばくのは思いのほか簡単です。
やりいか以外のするめいかや赤いかも同様です。

❶いかの足を抜く。右手で目の両脇を持って引き抜きながら、左手の人さし指と中指で胴の両脇にある筋を切る。

胴をさばく

❷甲を探って手でつまみ、少し引き出す。

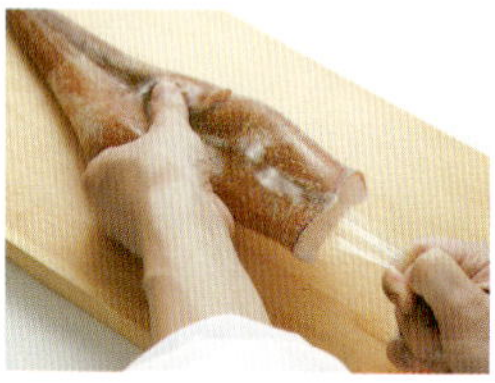

❸左手で胴の中央あたりをつかみ、先のとがったほうにしわを寄せるようにしながら甲を引き抜く。

❹エンペラと胴の間に両親指を入れ、離す。

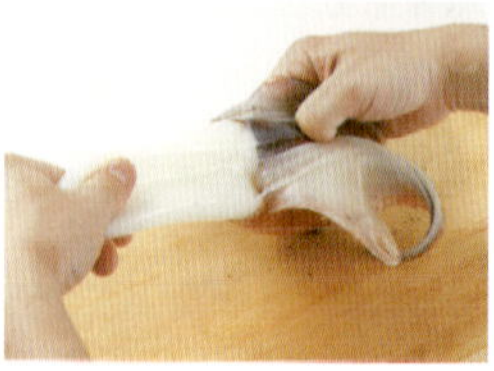

❺そのままエンペラを足の方向へひっぱり皮をむく。

❻甲が入っていたところに包丁を入れて開く。

❼内側にあるエラや内臓の残りをとり除き、流水で洗う。

❽薄皮をむく。水にぬらしてきつくしぼったさらしでふきとるようにしてむいていく。

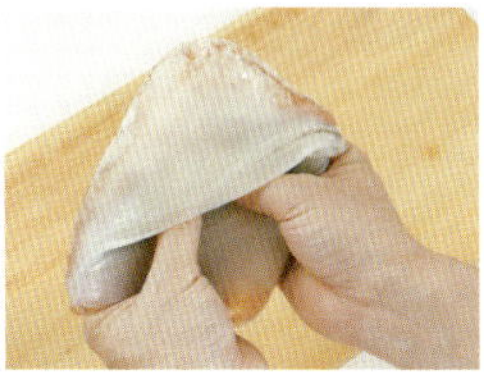

❾エンペラの皮をむく。胴体がついていたところの中心部に包丁目を入れ、そこに親指を入れてむく。

げそをさばく

❿右手で目の両端を持ち、左手で墨袋をつまんでとり除く。

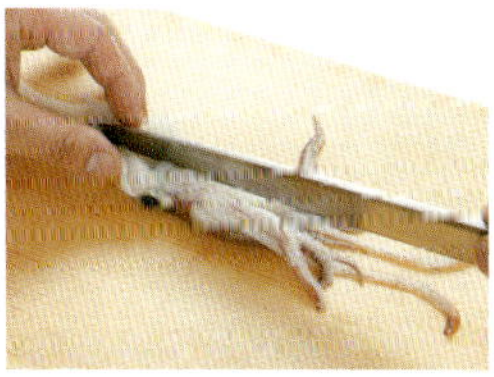

⓫両目の間に包丁目を入れ、開く。

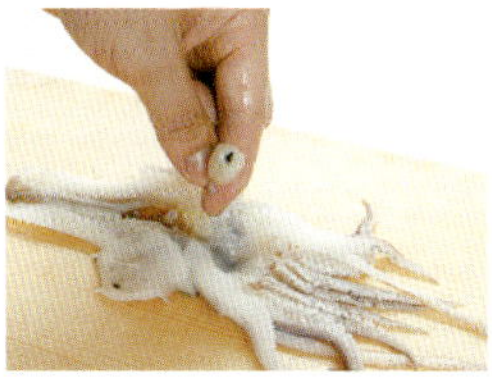

⓬口をとり除く。

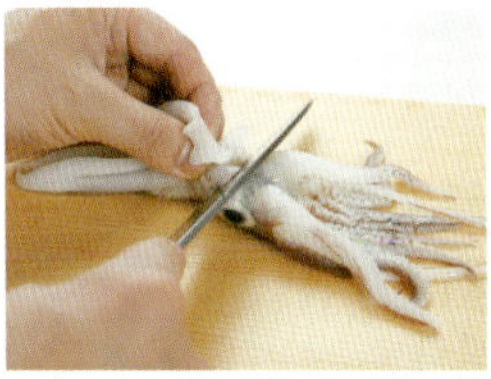

⓭目をとり除く。目の上部分に斜めに包丁を入れる。

⓮切れ目を入れたところを折り曲げると目が出てくるので手でとり除く。

⓯目の周辺の軟骨を、包丁を斜めに入れて切りとる。

げそのさばき完了。焼いたり、煮寄せにしたりと、いろいろと楽しむことができる。

真だいの三枚おろし

真だいの三枚おろしに挑戦しましょう。
たいは魚の王様。いろいろな料理に展開でき、捨てるところがない魚です。

❶うろこをひく。尾から頭の方向へうろことりを動かす。鋭いひれを持っているので、刺されないように注意する。

❷胸びれ、腹びれは頭につけて落とす。胸びれを起こし、中骨にあたるまで包丁を入れ、斜めに切り目を入れる。裏側も同様にする。

❸真だいを立てて目を持ち、中骨の関節部分にトンと包丁をあて、頭を切り離す。(内臓はまだつながった状態)

❹腹に包丁をあてて肛門まで切り目を入れ腹を開く。

❺内臓をとる。頭を持ち、内臓ごと手前に引くようにするとよい。

❻中骨の部分に包丁目を入れ、血のように見える腎臓を洗いやすくする。

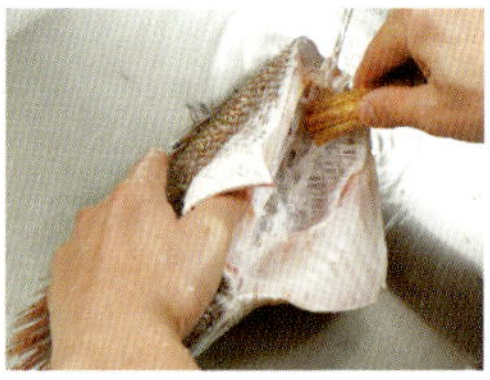

❼流水をあてながら腎臓の部分をささら(竹が束になった洗浄道具)や歯ブラシできれいに洗う。

❽まな板の上に尾を左に、背を手前にして置き、背の部分から尾に向かって最初は皮目を切るように包丁目を入れる。

❾⑧の包丁目にそって骨の上に包丁をのせ、引くようにして中骨の上まで切り目を入れる。

❿魚を回転させて腹の部分から中骨にそって背側と同じように包丁を入れる。

⓫左手で身を開き、中骨と腹骨がつながっている関節に包丁を入れて骨から身を外す。下身も同様におろす。

三枚おろしの完了。写真左から。上身、下身、中骨となる。

サクにする

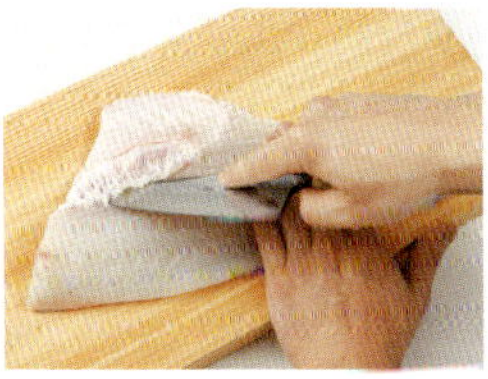

❶腹骨を尾のほうから頭に向けて刃を上にして入れ、腹骨をとるきっかけを作る。これを「返し刃」という。

❷腹骨を持ち、腹骨と身のすきまに包丁を入れながらすきとる。

❸背身と腹身を分ける。この時、腹身側に身の中心にある小骨をつけるように切る。

❹腹身側の小骨を包丁で切りとる。

皮をひく

❶尾のほうから、皮と身の間に包丁を入れる。皮を左手でひっぱりながら頭の方向へ包丁を動かす。

アラをさばく

❶かぶとわり。頭は、口の部分に包丁の切っ先を入れて額に向かって包丁をおろす。

❷腹を下にして置き、頭を開く。

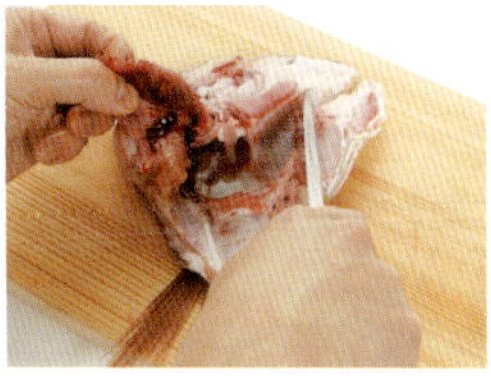

❸包丁で下あごについたエラを切り離し、上あごについたエラはひっぱりながら外す。

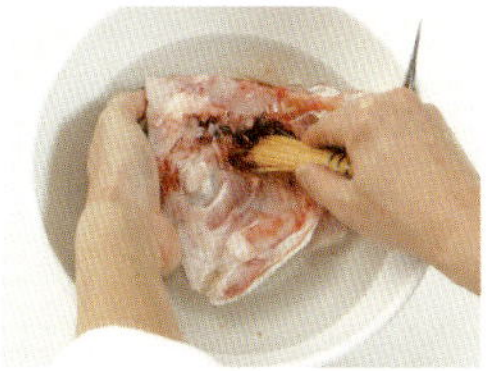

❹立て塩の中で、血合や汚れなどをきれいに洗う。この時ささらや歯ブラシを使うとよい。

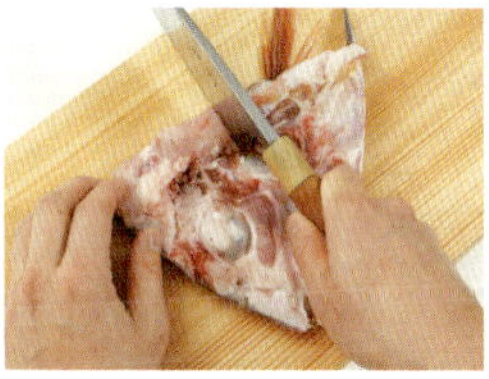

❺目と口の間、かまの部分、それぞれ包丁を入れて切り離す。

アラのさばきが完了。目の部分や口、かまの部分などに切り分けた状態。潮汁やあら煮などを作る。口の部分は使わない。

料理用語事典

あ

◎**和える**…野菜等に和え衣をまとわせること。和え衣は、ごま、豆腐などさまざま。しょうゆやみそで調味したところに下ごしらえし、下味をつけた具を加える。和え物は、和えて時間がたつと素材から水分が出るので、食べる直前に和えるのが基本。

[**木の芽和え**] すった木の芽、白みそ、卵黄、砂糖、だしなどを合わせた衣で和えたもの。

[**粉節和え**] 粉状のかつお節で和えたもの。

[**白和え**] すりつぶした豆腐、砂糖、しょうゆなどを合わせた衣で和えたもの。

[**ごま和え**] 香ばしく煎ったごまをすり、砂糖、しょうゆなどを合わせた衣で和えたもの。

[**酢みそ和え**] みそ、辛子、砂糖、酢などを合わせた衣で和えたもの。

[**真砂和え**] たらこで和えたもの。

◎**アクをとる・アクを抜く**…素材から出るえぐみをとること。方法は、生の野菜を水にさらす、野菜、魚、肉をゆでる、煮る際に浮いてくる濁りのある泡をとる等。アクはとくに肉や魚から多く出る。白く濁った泡がアク。

◎**揚げる**…高温の油の中に素材を入れて、加熱する調理法。高温で揚げることで野菜の色や魚のしっとり感を保ちつつ、火を入れることができる。

[**揚げびたし・揚げ煮**] 揚げたあとに調味料を合わせただしにひたす料理を「揚げびたし」、煮る料理を「揚げ煮」と呼ぶ。

[**素揚げ**] 材料に粉や衣をつけずに揚げる揚げ物。素材の水分がとび、焦げやすくなるので、さっと油に通す程度のことが多い。しし唐辛子、ぎんなんなど。

[**竜田揚げ・から揚げ**] 材料にかたくり粉や小麦粉などの粉をまぶしてから揚げたもの。おもに肉や魚に用いる。

[**天ぷら**] 小麦粉を水や卵で溶いて衣を作り、材料にまとわせる揚げ物。衣が油と素材の間で壁になり、衣はさくっと揚がり、中身は高温で蒸される状態になる。

◆揚げ油の温度

野菜は170℃、魚介や肉は180℃が目安で、衣や野菜の端を落として温度を見るとよい。

野菜の端で見る場合

野菜の切れ端やガク等を油に入れ、ひと呼吸おいて泡が出てくるのが170℃の目安。

粉で見る場合

かたくり粉等を油に入れ、すぐに浮いて小さい泡が出れば170℃の目安。浮いてパチパチとすぐに散るのは180℃の目安。

天ぷらの衣で見る場合

油に入れて浮いてきた衣が丸と細長いもの半々が170℃（写真）。

◎**油抜きする**…油揚げや厚揚げの油を落とすこと。近茶流では三種類の油抜きの方法を伝えており、料理によって使い分ける。ひとつ目は熱湯をかける方法でおもに煮物に使い、油を完全に抜ききらず、煮汁にしみ出す油も料理の味とする。ふたつ目はあぶる方法でおもに和え物や煮る時に使い、料理に香ばしさが加わる。三つ目はゆでる方法で、油をしっかり抜いて味を含ませやすくする。おもにいなり寿司の下ごしらえに。

◎**粗熱をとる**…手で触れるくらいの熱さまで冷ますこと。

◎**合わせ酢**…酢にしょうゆ、砂糖、塩等を合わせた調味料。

[**二杯酢**] 酢としょうゆを合わせたもの。あゆやかにに添える。

[**三杯酢**] 酢、しょうゆ、砂糖（みりん）などを合わせたもの。甘酢もこの三杯酢である。

[**ポンスしょうゆ**] しょうゆとポンス（柑橘の果実酢）を合わせたもの。

◎**炒める**…鍋に油を熱し、そこに材料を加えて加熱する調理法。高温で短時間で火が入り、油の美味しさも加わる。

[**炒め煮**] 材料を炒めてからだしや調味料を加えて煮る調理法。

◎**煎る**…水分をとばしたり、焼き色をつけるために何も入れていない鍋で、材料を混ぜながら加熱すること。ごまめやごまなど。

◎**色止めする**…青菜や生の豆などを加熱したあと、冷水または氷水にとって変色を防ぐこと。

◎**薄塩をふる**…調味料や昆布などの味を材料に含ませるために、下味程度の塩をすること。とり肉やぶりなどに。

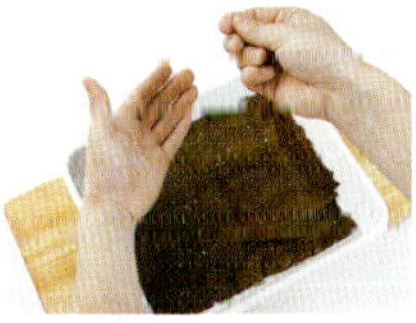

写真は昆布じめする昆布に薄塩をふっているところ。

◎**裏漉しする**…漉し器で漉すこと。漉し器は馬の毛(馬尾《ばび》)のものを持っていると、素材を選ばずに使うことができる。漉し器を網目が自分から見てひし形になるように置き、中にボウルを置く。材料をのせてへらで潰し、手前に引いて漉す。へらの柄を持つ手と反対の手でへらを押さえるとよい。使う前は必ず十分に水にひたしてから使うこと。乾いた状態だと簡単に破れてしまう。また、金属製の漉し器の場合、材料によっては変色してしまうものもある。

◎**落とし蓋**…材料を煮る際にのせる、鍋よりもひとまわり小さな木蓋。材料が動いて煮くずれるのを防ぐ、少量の煮汁も上まで上がり煮汁が均等に伝わるなどの役割がある。初めて使う時は木のアクがあるので、たっぷりの水に入れてしっかりゆでてから使うこと。また使うたびに色やにおいが移るのを防ぐため、ぬらしてから使う。

か

◎**隠し味**…料理の味をひきたてるために加える、ほんの少量の調味料。

◎**隠し包丁を入れる**…材料を食べやすくしたり、火が入りやすくなるように、目立たない部分または模様に見えるように包丁で切り目を入れること。

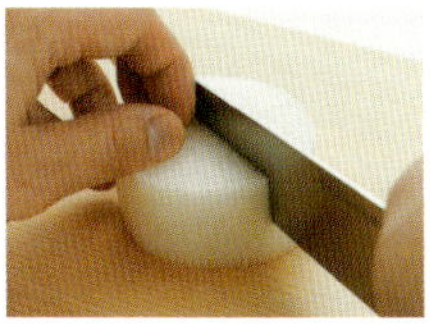

ふろふき大根の例。盛りつける時に、表になる側の反対に切り込みを入れる。

◎**紙蓋**…煮くずれやすい素材を煮る際、素材に密着させるようにのせる半紙やキッチンペーパーのこと。落とし蓋では重く、やわらかい素材が煮くずれてしまう場合に用いる。

◎**皮目**…魚や肉の皮のついている面。

◎**切り蓋**…蒸す時に温度調整するため、蒸し器の蓋をずらしたり、菜箸2本を使ってすきまを作ること。

◎**化粧塩をする**…一尾の魚を焼く際、ひれに塩をつけること。ひれの焼け落ちを防ぎ、魚の姿が立派になる。

◎**こそげる**…包丁の背などで削り落とすこと。また、鍋肌や鍋底についたものをへらなどでこすり落とすこと。

◎**小煮立ち**…火にかけた鍋のふちに小さい泡が出てくる状態のこと。

さ

◎**酒塩蒸し・酒蒸し**…魚介類に酒と塩、または酒をふりかけて蒸すこと。酒と塩双方の作用により、素材のくさみやくせをとり、うま味を引き出す。

◎**塩ずりする**…きゅうり等の野菜に少量の塩をふり、手で軽くすること。青くささを抜く。まな板で数本まとめて塩ずりする場合を「板ずり」という。

◎**塩抜きする**…塩蔵の食材(わかめや桜の花等)を水にひたし、塩分を適度に抜くこと。

料理用語事典

◎**塩もみする**…切った野菜等にその重量の1%ほどの塩をふり、数分おいてしんなりしたら手で軽くもみ、水気をしぼること。

材料に塩をふる。

全体に塩がいきわたるように混ぜる。ここでは苦みが出るのでもまない。

水気が出たところでもみ、水気を出し、ほどほどにしぼる。

◎**下味をつける**…仕上げ前の材料にあらかじめ味をつけておくこと。複数の材料を合わせて仕上げる時など、それぞれに適した下味をつけることで、できあがりの味のハーモニーがととのう。また、材料のくさみを抜く、やわらかくするなどの目的もある。

◎**霜降りする・霜降る**…材料を熱湯にさっと通すこと。肉や魚介の場合はくさみやくせを抜くのがおもな目的。塩をふり、沸騰した湯にザルごと入れる。表面の色が変わったら上げる。乾物などの湯通しにもこの言葉を使う時がある。

◎**しょうゆ洗い**…ゆでた野菜などに少量のしょうゆをふりかけて和え、そのしょうゆを捨てて薄く下味をつけること。おもに和え物の下ごしらえで、下味をつけるとともに余分な水分をとることができ、和え衣となじみやすくなる。同様に、酢を使った「酢洗い」もある。

◎**すが入る**…おもに茶碗蒸しや玉子豆腐で、火が強すぎたために中に小さな気泡が入った状態になること。

◎**砂抜き**…貝の中に入っている砂を抜くこと。海水に近い濃度の塩水(3%程度)に入れ、暗い場所でひと晩おく。

◎**する**…すり鉢で材料を細かくすること。「あたる」ともいう。炒ったごまをすりこぎですったり、長いもをすり鉢の内側にあててすることもある。

◆ごまのすり方の基本

すりこぎの端を片手で支えながら下の手で円を描くようにする。疲れてきたら手を反対にするとよい。

「半ずり」といい、半分ほど形がなくなった状態。薬味や和え物に使う。

「よくずり」といい、ほぼ形がなくなった状態。たれや和え物に使う。

た

◎**たたく**…野菜をすりこぎ等でたたいて粗く割ること。また、包丁で細かくなるまでたたくように刻むこと。

きゅうりの例

きゅうりをすりこぎでたたき、凹凸のある断面にする。和え衣がからみやすくなる。

梅肉の例

種から外した梅干しの果肉を、包丁でペースト状になるまでとんとんとたたく。

◎**立て塩**…塩水のことで、おもな用途は、切った野菜をつけてしんなりさせる、魚介を洗う等。2カップの水に対し塩は大さじ1が目安。

◎**調味料**…昔から味つけは「さしすせそ」の順といわれ、それぞれ砂糖、塩、酢、しょうゆ（せうゆ）、みそをさす。これには、砂糖のほうが塩よりも分子が大きく、塩を先に入れると砂糖の入る隙間がなくなってしまう等の理由がある。目的に応じて必要なタイミングで使う。

［**砂糖**］料理に甘みをつける、やわらかくするほか、つや、とろみをつける等にも使う。また、保存剤の役目もある。

［**塩**］料理に塩味をつけるほか、素材をしんなりさせる等の下ごしらえにも使う。形状により計量スプーンにとった時の重量が異なるので、使用している塩は小さじや大さじで何グラムあるのか知っておくとよい。

［**酢**］料理に酸味をつけるほか、素材の変色を防ぐ等にも使う。

［**しょうゆ**］料理に塩味と独特のうま味、香りをつける。濃口と淡口をおもに使用する。淡口は濃口に比べ色が薄いが塩分は1～2％高い。

［**みそ**］料理に塩味と独特のうま味、香りをつける。関西で使われる甘い白みそや信州みそ、仙台みそなどがあり、それぞれのみそ、または二種類以上のみそを合わせることでさまざまな料理に使うことができる。

［**酒**］料理に甘みと独特のうま味をつけるほか、魚や肉のくさみをとる等にも使う。「料理酒」の一部は、酒に塩を加えたものもあり、それらを使うと料理全体の塩味が変わってしまうので注意。

［**みりん**］料理に甘みと独特のうま味をつけるほか、魚や肉のくさみをとる、料理につやを出す等にも使う。「みりん風調味料」はアルコール分が含まれておらず、調味料を加えたもの。みりんに含まれるアルコール分には煮くずれ防止や調味料を浸透させるなどの効果がある。

◎**ツマ**…刺身に添えて彩りを鮮やかにする野菜や海藻。それだけでなく、盛りつけに高さを出したり、消化を助け、殺菌効果などの効能もある。

［**防風・浜防風**］刺身に添える。独特の香りを持つせり科の植物。

［**よりにんじん**］にんじんをかつらむきにし、斜め切りして冷水に入れ、らせん状にしたもの。同様の方法でよりうど、よりきゅうりもできる。

◎**天盛りにする**…盛りつけの仕上げに、料理の上に薬味等をのせること。木の芽や柚子など。

な

◎**鍋肌**…鍋の内側の側面。また、フライパンの場合、材料で埋まっていない部分。

◎**煮きる**…酒やみりんを火にかけ、アルコール分をとばすこと。和え物などアルコールの辛みが必要ない時に煮切った酒やみりんを使う。

◎**煮詰める**…煮汁の水分をとばして丁度よい味、濃度に仕上げること。

◎**煮る**…調味した液体で材料に火を通しながら味を含ませる調理法。材料が底いっぱいに丁度入るくらいの鍋を使うなど、鍋の大きさも大事。

［**煮ころがす**］煮上げた材料を鍋の中でころがし、外側に味をからませること。

［**煮含める**］じっくりと静かに煮て材料の中に味を入れること。

◎**練りみそ**…みそ、砂糖、酒を合わせて加熱しながら練り上げた調味料。みその種類や、加える薬味によりさまざまなバリエーションが作れる。

◆練りみその基本の作り方

みそ、砂糖と酒（または酢等の液体）の半量を火にかけていない鍋でまず合わせる。

鍋を火にかけてつやが出るまで絶えず練る。赤みそ系は強めの火加減で、白みそ系は弱めの火加減で練る。

残りの酒を加えて同様につやが出るまで混ぜる。最初に半量を練るのは、温度が早く上がり、練りやすいため。

卵黄と加える「山吹みそ」や、たたいたとり肉を加える「とりみそ」を作る場合、一度火からおろして材料を加えるとよい。これを「陸《おか》まぜ」という。

は

◎ひとつまみ…親指、人さし指、中指の三本でつまむ量で、小さじ⅕程度。

◎ひと煮立ち…鍋の中が一度煮立った時の状態。

◎ぶつ切り…大きさはそろえて、形を気にせず切る。

◎ふり洗い…ザルに材料を入れてそのまま水の中でふり、洗うこと。ザルに入れて洗うことで、汚れは下に落ちてすぐに水気をきることができる。

ま

◎水きりする…豆腐などに重しをのせたり、熱湯でゆでて水気を抜くこと。熱湯でゆでるほうが手早く水きりできるが、水きり後に加熱調理をする場合は、二度加熱しないために重しをのせて水きりする。

重しをのせる水きり
豆腐をさらしやキッチンペーパーで包んでバットに入れ、バットをのせて豆腐と同じくらいの重さの重しをのせる。

時間をおくほど水が出る。目的に応じて水きりする。

熱湯でゆでる水きり
沸騰した湯に豆腐を入れ、1分ほどゆでる。豆腐が縮み水気が抜ける。

豆腐をさらしで包んで盆ザルにのせ、へらで適度に押さえて水気を抜く。ボウルの中の水が濁ってきたら止める目安。

◎水溶きかたくり粉…かたくり粉に同量の水を加えてといたもの。熱い汁に混ぜてとろみをつける。ダマになりやすいので、慣れないうちは鍋の火を止めて水溶きかたくり粉を加え、よく混ぜてから再び火にかけて加熱すると失敗しにくい。

◎水にさらす…おもに野菜を水にひたして、アクを抜くこと。
［酢水にさらす］酢少々を加えた水にさらすこと。おもにアクの強い食材の変色を防ぐのが目的。ごぼうやれんこんに用いる。
［みょうばん水にさらす］みょうばんを加えた水（水3カップにみょうばん小さじ½が目安）にさらすこと。アクやぬめりを除き、煮くずれを防ぐ。里いもやさつまいもに用いる。

◎蒸す…高温の蒸気の中に材料を入れて加熱する調理法。ゆでるのに比べて水っぽくならない。また、蓋をずらしたりして中の温度を調整できるので、茶碗蒸し、玉子豆腐等卵液をなめらかに凝固させることができる。

◎もどす…乾物を水にひたしてやわらかい状態にすること。

や

◎焼く…食材を直火で、または、熱した鍋で加熱する調理法。その後、合わせ調味料につける料理を「焼きびたし」と呼ぶ。

◎薬味…料理に風味を添えるもの。大根おろし、七味唐辛子、練り辛子、わさび等。

◆大根おろしのおろし方

バットにさらしを敷いておろし金の粗いほうにのせ、皮をむいた大根を前後にすっておろす。

さらしでおろした大根を包み、適度に水気をきる。

◆**練り辛子の練り方**

粉辛子を小さなコップ状の容器に入れて湯を少量注ぐ。

割り箸で混ぜ、固めに練り上げる。また、練り辛子に水を加え、好みの濃度にのばしたものを「水辛子」「水溶き辛子」という。

◆**わさびのおろし方**

わさびの葉を向こうにして持ち、手前から奥へ包丁を使って葉を落とす。皮は香りと辛みがあるのでむかない。

さめ皮のおろしかおろし金の細かいほうで丸くする。わさびは香りが飛びやすいので濡らしたペーパーなどに包み、ビニール袋などに入れ、冷蔵庫で保存する。

◆**もみじおろしの作り方**

唐辛子の種を除き、包丁で細かくたたく。

大根おろしの水気を軽くきり、その一部にたたいた唐辛子を合わせ、包丁で練るようにして混ぜる。均一に混ざったら残りの大根と合わせて混ぜる。

◎**ゆでる**…材料を水または熱湯を介して火を通すこと。その後の調理に合わせて、ゆで上がりの固さは変える。

［**ゆがく**］「ゆでる」と同義だが、青菜などをさっとゆでる場合に用いることが多い。

［**塩ゆでする**］塩を少量加えた熱湯でゆでること。青菜や生の豆をゆでる際に用い、ゆで上がりの色を鮮やかにする。また、食材がひきしまる。

［**水からゆでる**］材料と水を鍋に入れ、冷たい状態から火にかけてゆでること。おもに根菜に用いる。根菜は基本的に水からゆでる。

［**水にとる**］ゆでた材料を冷たい水にとること。おもに青菜に用い、色よくゆで上がった青菜を冷水に入れ、青菜が冷たくなるまで水を替える。火が入りすぎず、美しい緑色をとどめておくことができる。

［**きあげする**］ゆでた材料をザルにあけ、うちわであおいで冷ます。おもに和え物の具に用い、素材が水っぽくなることを防ぐ。冷めやすいよう、盆ザルを使うとよい。ただし、そのあと煮物などに用いる場合は水にとることもある。

［**下ゆでする**］煮物や和え物にする材料を、あらかじめ適度なやわらかさにゆでること。根菜など火の通りにくいものは、ゆでた材料に串を刺して、目的に応じたやわらかさになっているか確認するとよい。串は細いもの（細串）を使うと穴が目立たない。

［**ゆでこぼす**］大豆等を水からゆでて、煮立ったらその湯は捨てること。最初の湯にはアクが多く含まれ、そのままゆでるとゆで上がりの風味や色が悪くなるため。小豆の場合「渋切り」ともいう。

◎**湯むき**…材料を熱湯ににくぐらせてから冷水にとり、皮をむくこと。料理の口あたりをよくすることが目的。トマトやいちぢく等に。

わ

割りじょうゆ…しょうゆにだし、酒、酢などを合わせてしょうゆの塩気や風味をやわらげた合わせ調味料。

柳原尚之（やなぎはら なおゆき）

近茶流嗣家。柳原料理教室副主宰。東京農業大学農学部醸造学科にて発酵食品学を学ぶ。卒業後、小豆島のしょうゆ会社の研究員として勤務。その後、オランダ船籍の帆船のキッチンクルーを経て、現在は東京赤坂の柳原料理教室にて、父・近茶流宗家、柳原一成とともに日本料理、茶懐石の研究指導にあたる。日本料理を海外に広める活動も行い、海外でのイベントや料理講習会での指導経験も多数。そのほか、ドラマや時代劇の料理指導、料理所作指導、料理時代考証も数々手がける。近著に『DVD付き 近茶流 柳原料理教室 誰でもできる和食の基本』（講談社）、『わが家に伝わる㊙レシピ プロ技キッチン！』（テレビ朝日・共著）、『「包む」「巻く」「結ぶ」で美しく 和のおもてなし料理』（池田書店）。

スタッフ
撮影　栗林成城
器・室礼　近茶文庫
撮影協力　近茶流柳架会有志
ホーマット制作　イット イズ デザイン
DTP　有限会社天龍社
企画・編集　株式会社童夢

正しく知って美味しく作る
和食のきほん

● 協定により検印省略

著　者　柳原尚之
発行者　池田　豊
印刷所　図書印刷株式会社
製本所　図書印刷株式会社
発行所　株式会社池田書店
〒162-0851　東京都新宿区弁天町43番地
電話03-3267-6821（代）／振替00120-9-60072

落丁・乱丁はおとりかえいたします。

ISBN978-4-262-13012-5

I400011